JN076253

佐々木毅尚　著
SASAKI Takehisa

リーガルオペレーション革命

リーガルテック導入ガイドライン

商事法務

はじめに

2009年の春、法務部長に就任してから10年の時が過ぎた。この間に2社をまたぎながら、グローバル法務体制の構築、レポーティングラインの構築、契約管理フローの整備、ルーティンワークの定量化、人事評価の定量化、能力評価の定量化、コンプライアンスの規格化、インハウスロイヤー18名の採用、Legal Techの導入等のリーガルオペレーション改革を法務部長として、組織の先頭に立って推進してきた。今から振り返ってみると、リーガルオペレーション改革の名のもとに、よくもこれだけ新しい仕組みづくりに取り組めたものだと我ながら感心している。新しい仕組みづくりは、古い仕組みを壊すことから始まるため、決して平坦な道程ではなく、周囲の理解と協力がないと先へは進まない。これまで、新しいものに飛びつき、軋轢を恐れずに前へ前へと突き進む自分自身を支えてくれたすべてのスタッフに感謝したい。

「なぜ改革を行うのか？」と問われると、私自身は「楽しいから」と答える。改革は小さな変化から始まり、この変化は将来の進化につながる。しかし、多くの人々は心地よい環境を好み、心地よい環境とは、変化のない安定した世界を意味する。この安定した心地よい環境に飽きて、変化を求める人物こそが進化をもたらすことができる人物である。変化を求める人物は、常に少数派であり、変化の輪を広げて仲間を増やしていくためには、批判を気にとめず、改革へ向けた厳しい道程を孤独に耐えながら歩まなければならない。ただし、不思議なもので、仲間の数が一定レベルに到達すると、改革へ向けた動きは一気に加速する。私自身は、組織の中でこのような変化を起こすことを純粋に「楽しい」と感じる。

組織を変えたい、業務を効率化したいという声をあげる人は多い。しかし、残念ながら掛け声だけで実行に移らないことが多いのも事実である。上司の支援がない、部下がついてこない、同僚が乗り気にならない等、さまざまな言い訳を作って実行をためらい、結局のところ途中で行動をやめてしまう。物事を動かすためには、まず行動することが大切で、この行動を辛抱強く長い期間にわたって続けることが求められる。自らが気づいたことを行動に移し、これを継続していくためには、何よりも勇気が必要で、まさに勇気を持てるかどうかが改革の行方を左右する。また、これらの改革は、仕組みの根本的な変革を伴う場合は、リーガルオペレーション「革命」と呼んだほうが良いかもしれない。

本書に記載されている内容は、リーガルオペレーション改革に直結するもので、そのまま実行できれば必ず大きな成果につながり、最終的には誰もがリーガルオペレーション革命を起こすことができる。ただし、これらの改革は、大きな変化を伴うため反響が大きく、抵抗勢力も生まれる可能性が高い。いざ改革を実行する場合には、軋轢や抵抗を恐れずに、勇気を持って正面から改革に取り組まなければならない。これらの取組みを我慢強く続けた結果、既存の仕組みは根本から新しい仕組みへと変化し、遂にはリーガルオペレーション革命へと至る。

管理部門の中で、経理部門は、IFRSへの対応を迫られ、連結決算を早期に完了させるため、早くからグループ内で会計の統一ルールを設定し、オペレーションを整備するとともに業務のシステム化を進めてきた。人事部門も、人材管理のグローバル化のうねりを受けて、急ピッチで業務のシステム化を進めている。管理部門の中で、最もオペレーションの改善が遅れ、最もシステム化が遅れている部門は、法務部門ではないかと感じている。専門性という隠れ蓑をまといながら変化を拒み続け、心地よい環境の中で非生産的なオペレーションを当然のものとして受け入れている。この致命的な遅れを取り戻すため、まさに今、法務部門は、軋轢を恐れず問題提起を行い、改革の渦を巻き起こし、リーガルオペレーション革命を成功へと導くことができる人物を求めている。

本書を執筆するに当たり、株式会社Holmesの酒井貴徳様、MNTSQ株式会社の板谷隆平様、安野貴博様、株式会社LegalForceの角田望様、原ちひろ様、株式会社リセの藤田美樹様、GMOグローバルサイン・ホールディングス株式会社の牛島直樹様、株式会社Hubbleの早川晋平様、酒井智也様、株式会社Legalscapeの八木田樹様、株式会社ATTIVITAの鷲尾悠介様、株式会社ロゼッタの諸川博子様、株式会社FRONTEOの野崎周作様、田中志穂様、株式会社ネットラーニングの黒川慎輔様にご協力いただいた。信頼のおけるLegal Techベンダーの皆様に日々ご支援いただきながら、私自身は、法務部門のマネジメントとリーガルオペレーションの改革に取り組んでいる。また、株式会社商事法務の浅沼亨様、西巻絢子様にも多大なるご支援をいただいた。株式会社商事法務の書籍は、企業法務の発展に大きな影響を与えている。皆様のご支援に心より謝意を表したい。

リーガルオペレーション革命を起こすためには、Legal Tech

サービスの導入が不可欠で、法務部門とLegal Techベンダーとの協働が必須条件となっている。まさに法務部門とベンダーが一体となって、あるべきリーガルオペレーションを模索する作業が求められている。創成期から発展期に移りつつあるLegal Tech業界と変革期にある法務部門が、共に発展していくことを願っている。

2021年3月

佐々木毅尚

CONTENTS

PART1
オフィスにおける事務機器の変遷

1　パーソナルコンピュータ登場前

私自身が大学を卒業し、社会人となった1991年当時のオフィスを眺めてみると、さまざまな事務機器が社内の事務処理作業で利用されており、当時は、OA（オフィスオートメーション）機器と呼ばれていた。主なオフィスの事務機器は、コピー、ファックス、固定電話で、新しい事務機器としてワードプロセッサーが登場していた。

ワードプロセッサーの登場により、これまで手書きで作成していた文書が、ワードプロセッサーで作成してプリントアウトする、またフロッピーディスクで保管するという新しい事務作業へ置き換わると同時に、この作業が普及していった。従来の文書用紙の間にカーボン紙を挟んでから、ボールペンを使って手書きで文書を作成するという面倒な手作業と比べて、文書作成の生産性が大きく改善されていったことを記憶している。

社内のコンピュータシステムは、メインフレームを中心としたもので、各部門に1～2台のアクセス端末があり、その端末からホストコンピュータにアクセスを行っていた。オフィス内の端末では、主にデータベースを作成するためのデータをインプットする作業、データベースの中のデータを検索して情報を確認する作業が行われていた。当時のコンピュータシステムは、個人の業務ではなく、あくまでも組織の業務を改善するためのツールで、大量のデータを一括で処理するバッチ処理を行うことが一般的であった。

コミュニケーションは、口頭、固定電話、ファックスを主なツールとして行っており、ポケットベルが新しいコミュニケーションツールとして登場していた。当事者同士が社内にいればコミュニケーションが成立するが、社内にいない場合は、返答を長時間待つことが一般的で、ある意味のんびりした時代であった。また、文書は、ファックスか郵便で送付しており、機密文書は郵送に限定されていたため、送付に時間がかかっていた。

このような環境の中で、契約書は、法務部門内で手書きベースのドラフトを作成し、ドラフト完成後に専門のタイピストに依頼して、和文タイプ、英文タイプで正本を完成させるという作業を行っていた。また、一部で手書きの契約書もあったと記憶している。ワードプロセッサーの登場により、法務部門内でドラフト作成から正本作成までの作業を行うことが一般的となり、オフィスからタイプ室がなくなり、タイピストもしだいに姿を消していった。法務部門内の事務作業についても、ワードプロセッサーの普及が大きなインパクトを与え、業務の生産性を大きく改善していった。

契約の相手方や依頼部門との交信は、ファックスか郵便でドラフトを送付することが一般的であった。依頼部門からの契約審査依頼は、手書きの申請書で受け付け、修正を行う際は、ドラフトへの手書きで修正内容を記載するか、別途文書を作成して修正内容と修正趣旨を記載するという方法で行っていた。したがって、契約書が完成するまでには、多くの時間と労力を必要としており、その結果として、契約始期にまでに押印が完了するケースはほとんどなく、実際の取引は始まっているが、契約内容が確定していないケースも数多くあったと記憶している。このあたりの契約に対する日系企業の意識は、便利なツールが登場した現在になっても、あまり変化がないと感じている。

② パーソナルコンピュータ登場後

1995年にWindows95が発売されると、パーソナルコンピュータ（PC）をオフィス内の事務機器として導入する企業が増えていった。いよいよ、コンピュータを組織ではなく個人で利用する時代が到来したといえる。ただし、初期の頃は、各社員に1台のPCが割り当てられておらず、数人でPCを共有することが一般的であった。

PCの導入により、文書はPCソフトウエアを使って作成することが標準となり、文書テンプレート、文書校正、変更履歴等の便利な機能が追加され、文書作成のスピードと正確性を向上させていった。この流れの中で、MSワードや一太郎といったソフトウエアがシェアーを伸ばしていき、ソフトウエア相互間の互換性も高まっていった。また、文書を紙ではなくデータで管理する、データで交換するという習慣が定着し、オフィス内では、フロッピーディスク等の記憶媒体の数が増えていった。数字の集計や計算は、従来の電卓による手作業から、MSエクセル等の表計算ソフトウエアを使って行うことが標準となり、集計のスピードと正確性は飛躍的に向上した。

コミュニケーションは、PCの導入と同時期に携帯電話が普及しはじめ、企業活動の中でも使用されるようになり、社内にいなくてもリアルタイムでコミュニケーションが取れる体制が徐々に整備されていった。Eメールについては、PCの導入と同時に利用できる状況であったが、まだ、個人にPCが割り当てられておらず、個人と個人ではなく、組織と組織の間のコミュニケーションツールとして、少しずつ活用されていった。

このような環境の中で、法務部門にもPCが導入され、契約書は、MSワード等のPCソフトウエアを使って作成することが一般的となっていった。ただし、各社員にPCが割り当てられていなかったため、契約書ドラフトのチェック依頼は、法務担当者が紙にプリントアウトして上司に渡し、上司が赤ペンで修正して返すという作業を行うことが多かったと記憶している。その際は、チェック依頼という赤いスタンプを紙の契約書に押して上司へ渡していた。今となっては、懐かしい思い出である。

契約の相手方や依頼部門との交信は、Eメールを使うケースが徐々に増えていった。契約審査依頼は、MSワードで作成された申請書で受け付けることが一般的となり、ドラフトもデータでやり取りされることが一般的になっていった。ただし、Eメールは、あくまでも部門同士のコミュニケーション手段であり、法務部門で庶務を担当する人物が部門共通アドレスに届くEメールを管理し、各法務担当者に情報を伝えていた。

③ パーソナルコンピュータの浸透

2000年代に入ると、PCは組織の共有物ではなく、各社員に割り当てられ、個人が日常的に活用する事務機器へと変化していった。各社員にPCが割り当てられると、ホストコンピュータにアクセスするための専用端末はなくなり、PCを通じて個人が直接アクセスすることが標準となった。また、PCのハードディスクや記憶媒体で管理されていたデータは、共有サーバーで管理することが一般的となっていった。

PCがオフィスに浸透すると、従来の紙と比較にならないほどデータ量が増加し、しだいに増加するデータの整理が大きな課題となっていった。紙媒体であれば、修正途中の文書の多くは廃棄されるが、データであればそのまま履歴データとして残されるケースが散見され、また文書がデータとなり、作成と管理が簡素化されたことにより、作成される文書自体の量が飛躍的に増えていった。このような状況の中で、文書管理を目的とするソフトウエアが開発され、導入する企業が増えていった。

オフィス内でPCが個人の標準事務機器になったことにより、Eメールは個人と個人の交信手段となり、従来の電話やファックスに代わり、主要なコミュニケーション手段になっていった。いつの間にか、一日の作業の中で、Eメールを読んで返信することに多くの時間を割く時代となり、外部から送信される大量の情報を整理し、プライオリティーを付けて処理することが、日常業務の中で重要な課題となっている。

このような環境の中で、法務部門においてもPCが各法務担当者に割り当てられ、PCを中心とした事務フローが構築されていった。従来、紙で行われていた契約書ドラフトのチェックは、Eメールに契約書ドラフトデータを添付して上司に依頼することが主流となり、上司も赤ペン修正を止めて、MSワードの修正履歴を使って修正し、Eメールで返信することが主流となっていった。また、契約の相手方や依頼部門との交信は、Eメールを使って、担当者同士で行うことが標準となった。

PCが法務部門に浸透し、標準的な法務業務フローに組み込まれると、他部門と同様に法務部門においても文書の量がしだいに増加していった。特に契約書データや原本をどのように管理していくかが課題となっていた。特にこの時代は、PCの導入により契約書の作成が容易になり、また企業の内部統制に対する意識が高まったことにより、年々作成され締結される契約書の量自体が飛躍的に増加していった。この課題を解決するため、意識の高い企業の中では、自社で契約書管理システムを構築する、また文書管理パッケージソフトを外部ベンダーから購入するという動きが出始めていた。ただし、多くの企業では、共有サーバーのデータを整理する、MS エクセルで契約管理台帳を作成するという対策が行われており、現在まで同じ対策をとり続けている企業も多い。

4 SaaS サービスの登場

2010 年頃から、SaaS（Software as a Service）と呼ばれるインターネットを通じて提供されるサービスが増加し、パッケージソフトウエア購入ではなく、クラウドコンピューティングを活用して必要なサービスを利用し、使用料を支払うという形態のサービスが増加している。パッケージソフトを購入した場合や外注でシステムを構築した場合、会計上の減価償却が面倒で、かつ償却期間中に使用を止めてしまうと大きな欠損が発生してしまうという欠点がある。

一方で SaaS 型サービスの対価は使用料であるため、使用料全額の費用処理が可能で、かつ想定どおりの効果が出ない場合は、欠損を気にすることなくすぐに撤退することが可能となり、機動性と利便性が高いという特徴がある。このようなメリットがあるため、多くの企業では、パッケージソフトウエアの購入に代えて、SaaS 型サービスの導入事例が増加している。実際のところ、現在、提供されている Legal Tech に関連するサービスの多くは SaaS 型サービスである。

ただし、多くのサービスがクラウドコンピューティングを活用している関係上、セキュリティーレベルがベンダーによって異なるため、この点に注意が必要となっている。

PART2

Legal Techの登場

2018年頃からAIを使ったLegal Techが注目され、特にAI契約書審査サービスが注目を集めている。現在のところ、多くの企業でこのサービスの導入が検討されており、実際には、すでに1,000社以上の企業や法律事務所がAI契約書審査サービスを導入していると考えられる。

この流れに乗って、契約審査に関連する業務を支援するさまざまなサービスがベンダーから提供されている。まさに今、AI契約書審査サービスに触発される形で、新しいサービスを提供するベンダーが増加しており、マーケットは、Legal Techの創世期という状態で盛り上がっている。特に若手弁護士が所属している法律事務所を退所してLegal Techベンダーを起業し、経営に参画するケースが増えており、チャレンジ精神に富んだ人材がLegal Tech業界を盛り上げている。

AI契約書審査以外のLegal Techの一例を紹介すると、ベンダーの提供するクラウド上に設置されたフォルダーに文書データをアップロードすると、そのデータの履歴管理が自動的にできる、また履歴管理に付随してコメントを記載できるサービスがあり、複数の当事者間で特定の文書を修正する業務でコミュニケーションツールとして重宝されている。また、AIを使った翻訳サービスは、簡易翻訳として十分に活用できるレベルにあり、多言語対応が可能な翻訳サービスは、特に重宝されている。さらに、国内外の法令・判例情報を提供するサービス、法律系の書籍情報を提供するサービス等、書籍に頼らずにWebを介して書籍情報を取集できるサービスが次々に誕生しており、これらのサービスは、情報収集に留まらず検索が容易にできることから、検索業務の効率化に大きく貢献している。その他、契約審査や法律相談の案件管理サービス、契約書を含めた文書管理サービス、電子契約サービス、弁護士と企業法務部門とのマッチングサービス、Eラーニングサービス、教育コンテンツ提供サービス、eディスカバリーサービス、デジタルフォレンジック調査サービス等、法務部門が関与する、ありとあらゆる業務に対してサービスが提供されている。現在、日本のLegal Techは、創成期から発展期へと足早にステージを移しつつあり、各ベンダーが提供するサービスの完成度や成熟度も目に見える形で日々進化している。

さまざまなLegal Techの中で、このところ最も注目されているものは、電子契約サービスである。新型コロナウイルス感染対策の影響で社員の出社が必然的に制限され、管理部門の業務が在宅勤務を前提に見直されている中で、捺印業務は、出社が必要な業務として残さざるを得ず、捺印管理を行う管理職は、在宅勤務ができないという事態が発生している。これらの職場環境を改善するため、電子契約サービスの導入を検討する企業が増加しており、新型コロナウイルス感染防止対策としての在宅勤務増加という追い風を受けて、急ピッチで企業への導入が進んでいる。

PART3

Legal Tech 導入へ向けた課題

1　Legal Tech 導入の壁

Legal Tech は、法務担当者にとって便利なツールであるが、実際に法務部門へ導入するにあたっては、超えるべき壁が3つあると考えている。まず1つ目は「コストの壁」であり、近年、社内においてコスト削減へ向けた取組みが強化され、管理部門の予算管理が厳しくなっている環境の中で、いかにして法務部門がLegal Tech 導入へ向けた予算を確保できるかが課題であり、最も大きな課題といってよい。2つ目は「セキュリティーの壁」で、Legal Tech は、社外のクラウドサービスを使うことが多く、多くの企業の情報システム部門は、自社の情報セキュリティー体制構築にあたり、社外のクラウドサービスの利用を好まない。3つ目は「導入効果の壁」で、経営者に対してLegal Tech を導入してどのような効果があるのかを説明することは意外に難しい。このような壁を1つひとつ乗り越えて、ようやくLegal Tech の導入というステージに入る。

2　コストの壁

法務部門がLegal Tech を導入すると、必然的にコストが発生する。コストには、導入時に発生するイニシャルコスト、運用の中で発生するランニングコストがあり、ベンダーごとにさまざまなプランが準備されており、料金体系がかなり複雑で、一見すると、どのベンダーが安いのか高いのかよく分からないという状況がしばしば発生する。また、ソフトウエアーパッケージを購入する場合や外部ベンダーにシステム構築を委託する場合は、会計上の減価償却を考慮する必要があり、導入時に注意を要する。

SaaS型サービスのLegal Techの中で最もコストが高いのは、AI契約書審査サービスと契約審査依頼フローを管理するサービスで、いずれも利用者数単位で課金されるケースが多い。特に契約審査依頼フローを管理するサービスは、導入時に各社のフローに合わせてカスタマイズする必要があり、導入コストも相当程度発生する。一方で最もコストが安いサービスは電子契約サービスで、低額の月額基本料金に加えて、契約書1件当たり100円から数百円程度でサービスの利用が可能となっている。

その他、企業特有の問題としては、社内の費用配賦について導入前に各部門と調整を行う必要がある。大きく分けると、運用費用を担当部門が一括で負担するケースと、利用した部門が利用分の費用を負担するケースがあり、調整を必要としている。

3　セキュリティーの壁

コストの壁をクリアーすると同時に、セキュリティーの壁をいかに乗り越えるか戦略を検討する必要がある。多くの企業の情報システム部門は、自社の情報セキュリティーや体制を構築するため、社外クラウドサービスの利用に制限を加えており、クラウドサービスを導入するにあたっては、独自の審査基準を設定している企業も多い。

SaaS型サービスのLegal Techは、ほぼ100%クラウドサービスを活用するため、情報システム部門が設定した審査基準をクリアーできるかどうか、ベンダーと協力しながら検討を行う必要がある。大手の Legal Tech ベンダーは、セキュリティーレベルが高く、ISO/IEC27001 等の国際規格認証を取得している企業も多い。

4　導入効果の壁

Legal Tech の導入時または利用契約の更新時に予算を確保するためには、法務部門が導入効果を検証して、決裁者の理解と承認を得る必要がある。この検証作業においては、数値データを使って導入効果を説明することが有効で、実際にどのようなデータを使って説明を行うかが課題となる。

Legal Tech の活用による業務品質の向上については、残念ながら定性的な観点での説明に留まらざるを得ないが、法令・判例検索サービスの活用により法務部門でリサーチできる範囲が広がった、契約書管理サービスの導入により内部統制のレベルが高まった等の具体的な成功事例を用いて説明を行うことが有効である。また、Legal Tech の活用による生産性改善等のコスト削減効果については、具体的な数値データを示して定量的な観点で説明することができる。例えば、契約審査を支援するサービスを導入した効果で、契約審査に必要な納期がどの程度短縮されたか、法務担当者の処理可能件数がどの程度増加したか等、法務部門のパフォーマンスデータの推移を示して説明すると、決裁者に対する説得力が大きく増す。また、現状として、企業の管理部門にとっては、パフォーマンスを数値化し、KPI を設定して管理していくこと自体が珍しい活動であり、ある意味、画期的な活動であるため、経営者の注目を集めることができる。

Legal Tech の中で、最もコスト削減を説明しやすいサービスは、電子契約サービスで、事務処理コストだけではなく、印紙代、切手代といった「目に見えるコスト」の削減を説明することが可能である。例えば、契約書締結作業は、まず、契約書ドラフトをプリントアウトし、袋とじ等の製本作業を行い、捺印のための申請書を記載し、捺印担当部門に契約書を持参して捺印を依頼し、捺印担当部門内で決済手続が行われて捺印し、担当部門に契約書が戻り、相手方に捺印済の契約書を郵送し、相手方から戻ってきた契約書を保管するという、果てしなく長い道程の作業となっている。おそらく、契約書1通を締結するにあたって、30分近い労務コストが発生していると推測され、処理が完結するまでの時間が相当長い。仮に年間2,000件の契約書を締結するとなると、契約書締結作業に1,000時間の労働を必要としており、1日8時間労働とすると、125日を契約書締結作業に費やしていることになる。この日数は、年間の労働日の約半分に該当するため、年間2,000件の契約書を締結している企業では、平均で0.5人分の人件費を削減することが可能といえる。人件費の他に、往復180円の切手代が削減可能で、年間2,000件の契約書を締結している企業は、年間36万円のコストを削減することができる。さらに、基本契約書を電子化する場合は、印紙代として契約書1通あたり4,000円のコストを削減することができ、費用削減効果も大きい。

電子契約サービスの事例のように、具体的な事例と数値を示して説明できれば、経営者への理解が深まり、Legal Tech導入へ向けた道が切り開かれる。いかに数値を使って説明できるかが導入効果の壁を乗り越えるための課題であるといえる。

PART4
法務部門の課題

① 経済産業省報告書

2019年12月に経済産業省は「国際競争力強化へ向けた日本企業の法務機能の在り方研究会報告書」を公表し、今後の法務部門の運営に大きな影響を与えた。この報告書では、法務機能をガーディアン機能とパートナー機能に区分し、さらにパートナー機能をクリエーション機能とナビゲーション機能に区分している。また、従来、ガーディアン機能とナビゲーション機能を中心に運営されてきた日本の企業法務に対して、新たな機能としてクリエーション機能を充実させることを提案している。ただし、業種や事業環境によっては、クリエーション機能になじまない企業もあるため、すべての企業がそのまますべての内容を参照できるわけではないが、法務部門運営の基本的な考え方として、非常に参考になる資料である。

今後、クリエーション機能を含むパートナー機能を充実させていくためには、デスクワークを中心とした契約審査等のルーティンワークに加えて、より依頼者の近くに寄り添うことが求められる法律相談等のコンサルティングサービスを充実させていく必要がある。コンサルティングサービスは、契約審査等のルーティンワークと比べ、作業時間と人工数といった作業コストが高く、これから大幅な人員増加が見込まれない法務部門が、どのようにこの作業コストを負担していくかが大きな課題となっていく。法務部門としては、固定費の増加につながる人員増強に限界があることから、ルーティンワークの生産性を改善し、コンサルティングサービスにかける時間や人員を創出していくことが求められている。

＜ガーディアン機能とパートナー機能＞

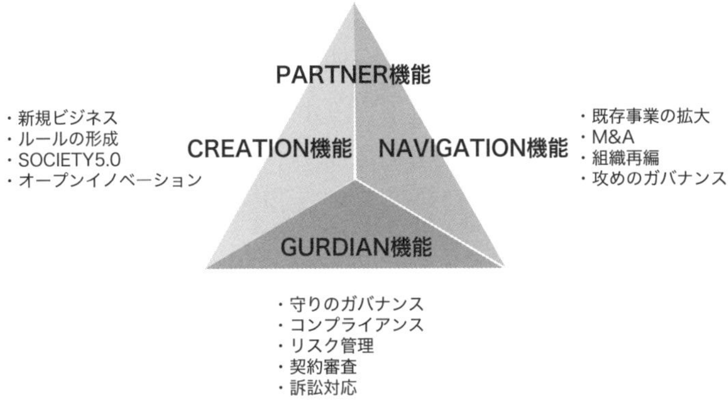

PARTNER機能

CREATION機能
・新規ビジネス
・ルールの形成
・SOCIETY5.0
・オープンイノベーション

NAVIGATION機能
・既存事業の拡大
・M&A
・組織再編
・攻めのガバナンス

GURDIAN機能
・守りのガバナンス
・コンプライアンス
・リスク管理
・契約審査
・訴訟対応

2　品質とスピード

別な観点から、法務部門が置かれている環境を見てみると、近年、企業の法務部門が関与する案件は、年を追うごとに複雑化・多様化しており、法務部門が受け付ける案件数も増加の一途を辿っている。例えば、携帯電話に代表される通信機器のサプライチェーンの一例を見てみると、電子部品メーカーが世界各国から調達した原材料を日本の製造子会社で電子部品の一次製品に加工し、その一次製品をアジア各国の製造子会社がさらに加工を加えて電子部品とし、その電子部品を世界各国の販売子会社が通信機器メーカーに販売している。さらに通信機器メーカーに販売された電子部品は、アジア各国のEMS（受注生産サービス会社）に納入されて通信機器として組み立てられて、世界各国の通信機器メーカーの販売会社を通じて小売業者に納入され、ようやく消費者へ販売される。原材料が電子部品に加工され、通信機器として消費者に販売されるまで、数カ国、数社をまたぐ複雑な取引形態が成立しており、商流や物流が複雑で、まさにサプライチェーン全体を通して、複雑化・多様化した世界が広がっている。

このような複雑化・多様化した世界の中で、製品サイクルを含む事業スピードは年々高速化し、一方で案件の内容も高度化・専門化しており、スピードが速く品質の高い法務サービスの提供が求められている。法務部門のマネジメントとしては、事業スピードに追随することは必須の課題であり、スピードとトレードオフの関係にある品質とのバランスを真剣に検討する時期が訪れている。

＜事業スピードと品質のバランス＞

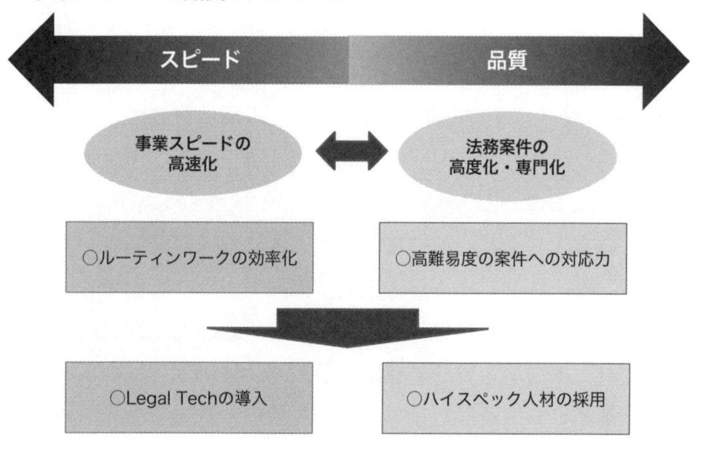

現状、法務部門は、スピードと品質というトレードオフの関係にある2つの課題を同時に解決することが求められている。つまり、業務の品質向上と生産性向上という相反する目標を同時に掲げ、2つの目標を同時に達成するための必須条件として、業務基盤の整備を直ちに実践していくことが求められている。特に、法務部門における業務基盤の中では、ルーティンワークの改善が必須条件となっており、ルーティンワークにおける品質と生産性をうまくバランスさせるためには、組織体制と業務フローを整備し、業務のマニュアル化を進め、法務担当者の活動を支援するシステムを整備していく必要がある。

いずれにしても、法務部門にとって、契約審査業務を中心としたルーティンワークの改善は差し迫った課題であり、今後の組織パフォーマンスに大きな影響を与えることから、業務基盤の中核を構成するLegal Techの導入を真剣に検討し、生産性の改善と品質の向上を実践していくことが求められている。

＜法務部門運営の視点＞

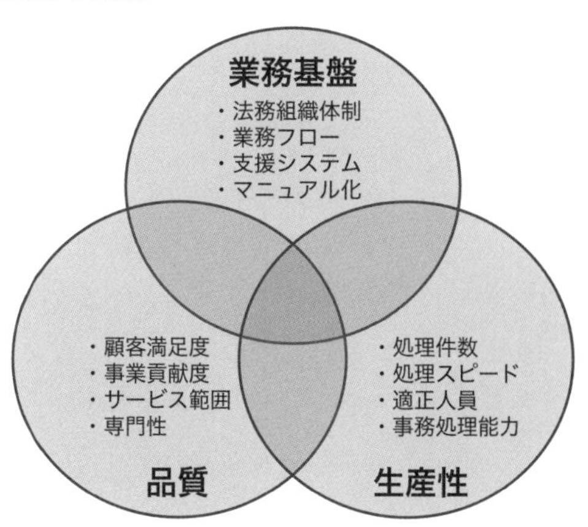

PART5

DX と Legal Tech

昨今、Digital Transformation（DX）という言葉がさまざまなメディアで飛び交っており、Legal Tech の導入も DX の1つとして語られている。経済産業省のガイドラインによると、DX とは、企業がビジネス環境の激しい変化に対応し、データとデジタル技術を活用して、顧客や社会のニーズを基に、製品やサービス、ビジネスモデルを変革するとともに、業務そのものや、組織、プロセス、企業文化・風土を変革し、競争上の優位性を確立することと定義されている。

この定義を法務業務に当てはめてみると、DX は、単なる法務業務のシステム化を意味するものではなく、法務業務のシステム化による変革（業務改革）と競争優位の確立（成果の創出）を意味している。したがって、いかにして業務を変革し、いかにして目に見える成果を出していくかが、法務業務における DX の課題といえる。

DX を実践するためには、最初に業務改革のターゲットを定めることが重要で、法務部門の日常業務の中で何気なくコストをかけているものをターゲットに据えると、大きな改善効果が表れることが多い。したがって、法務部門のオペレーションを注意深く分析して、コストをかけているもの、業務量の多いものを抽出し、ターゲットとして選定することが有効である。また、別な観点からは、反復継続して定型的な作業を行っているものも改善効果が大きいことから、ターゲット選定にあたり考慮する必要がある。

このような観点で法務部門のオペレーションを見ていくと、どの企業も例外なく契約審査の業務量が多く、定型的な作業も多いことから、法務部門の業務改革のターゲットとしては、契約審査が最も優先順位の高い分野であるといえる。また、法務部門は、他部門との連携を求められるケースが多いことから、日常的にコミュニケーションに対しても大きなコストをかけている。特に契約審査は、依頼者、他部門、法務部門内の上司と部下といったさまざまな関係当事者間で密なコミュニケーションを必要とする業務であり、コミュニケーション改革による改善効果も期待できる。まずは、契約審査を法務部門における業務改革の優先ターゲットとして設定し、作業内容とコミュニケーションの両面で業務改革を実践することを推奨する。

契約審査以外の法務部門のオペレーションとしては、法律相談、訴訟・紛争管理、M&A等があり、企業規模、業種、業態によってそれぞれの運用状況が異なっている。例えば、総合商社やIT業界の新興企業ではM&Aの件数が多く、一方で国内取引中心の伝統的な製造業では、M&Aは数年に1回という程度で少ない傾向にある。また、B to C業態では小規模な紛争が数多く発生し、B to B業態では紛争自体が少ない傾向にある。さらに新興企業では法律相談が多く、成熟企業では法律相談が少ない傾向にあり、これらを俯瞰して一概に述べることは難しい。したがって、契約審査以外の業務改革ターゲットの設定については、それぞれの企業の事情に合わせて、業務量、定型作業、コミュニケーションという視点を持って設定する必要がある。

PART6
リーガルオペレーション

[1] リーガルオペレーションの改善

法務部門の効率性や生産性を高める取組みとして、最近、リーガルオペレーションという言葉が注目されている。欧米大手企業の法務部門では、法務担当者とは別にオペレーションの改善を担当する専門スタッフを雇用する事例が増加しており、日本でも大手総合商社等が法務部門内にオペレーションの改善を役割とする組織を設置している。これらのスタッフや組織は、Legal Techサービスの導入に大きな影響力を持ち、サービス導入を推進する役割を果たしており、リーガルオペレーション担当者として、日々、Legal Techを有効活用して、業務の生産性を高める活動の啓蒙に取り組んでいる。

また、法務部門の規模により、オペレーションの改善を担当する組織、専門チーム、専門スタッフを設置することが難しいケースも多い。このような組織では、法務部門内にプロジェクトチームを立ち上げる、法務担当者の成果目標にオペレーション改善を加えて、法務業務と一緒に日常業務として業務改善に取り組ませる等の対策を講じて、オペレーションの改善を推進していくことが考えられる。

オペレーションの改善は、関係する当事者間の利害関係の調整を必要とするケースが多い。例えば、契約審査の依頼の際に詳細な情報提供を求めると、法務担当者の業務負担は軽くなり、逆に依頼者の業務負担が重くなり、必然的に依頼者から大きな反発を受けてしまう。したがって、法務担当者任せのボトムアップで利害関係の調整を伴う改善活動を行うことは難しく、法務部門長がリーダーシップを発揮してトップダウンで改善活動を推進しなければならない。法務部門長は、オペレーションの改善へ向けて利害の対立を恐れず、相当な覚悟を持って改革に取り組むことが求められている。

[2] 法務部門の担当案件

① 基準の設定

企業の活動は、法律問題で溢れており、会社の設立、社員の採用、資金の調達、製品の販売、代金の回収といった基本的な企業の活動は、すべて法律問題である。このような環境の中で、法務部門がどの法律問題を担当すべきかを考えていかなければならない。

企業組織としての役割分担という視点で考えると、社員の採用は人事部門、資金の調達は財務経理部門といった専門部門が担当しているため、専門部門がある領域については、ルーティンワークを専門部門に任せて、ルーティンワークの領域を超える法律的な専門知識を要する問題について、法務部門が担当することが合理的であると考えられる。例えば、資金調達を考えると、日常的な資金の出し入れに関連する実務は、財務経理部門が担当し、増資手続、融資契約、起債といった重要な手続が発生する場合は、法務部と連携して対応するという役割設定を行うことが一般的である。

一方でコストとリスクという視点で考えると、企業活動の中で発生するすべての法律問題を法務部門が担当することは合理的ではなく、一定のリスクが発生する領域を担当領域として設定することが合理的である。特に契約審査業務については、法務部門が契約審査実務を担当することになるが、コストの視点で見ると、法務部門の人員規模によって処理できる契約書の件数が決まるため、法務部門の人員規模に応じて担当領域を絞ることを考える必要がある。また、リスクの視点で見ると、銀行取引約款、事務機器リース契約等の定型的な約款系の契約は、契約自体が取引条件であるため、契約条項を修正する余地はほぼなく、リスクも一定かつ軽微であることから、このような契約書類型は担当領域から除外することが望ましい。さらに、取引金額によってリスクが異なることから、取引金額を基準として担当領域を設定することも合理的である。

＜契約審査対象から除外する契約書類型　事例＞

- 法務部門が作成、承認した契約書雛形どおりに締結される契約書
- 各部門が作成、承認した契約書雛形どおりに締結される契約書（雇用契約書等）
- 契約期間を延長するための覚書
- 契約金額、委託内容を変更するための覚書
- 取引金額が○○○万円以下の契約書
- 定型的な契約書（駐車場賃貸借契約書、社宅の賃貸借契約書、オフィス機器のリース契約書、社用車のリース契約書、会計事務所・法律事務所等との契約書）
- 約款（銀行取引約款、電気・ガス・水道等のインフラ約款、運送・倉庫寄託約款、保険約款）

② 基準の周知

法務部門が担当する領域については、社内規定として明文化し、社内で周知することが求められる。ただし、どのタイミングで運用基準を社内規定とするかについては、慎重に検討を行う必要がある。なぜなら、運用基準を社内規定化すると、これが社内のルールとなり、このルールに沿わない運用が行われた場合は、ルール違反となってしまう。また、この基準をベースとして運用を行った結果、法務部門の処理能力を超えてしまい、法務部門が原因でルールを遵守できないという事態が発生してしまうリスクがある。運用基準は、法務部門の持つ権限を定めたものであると同時に、義務でもあることを忘れてはいけない。

したがって、一定の期間を定めてトライアルとして運用を行い、運用が安定した段階で運用基準を社内規定化することが望ましい。また、事業環境の変化によって契約書の構成が変化することから、運用基準については、毎年、見直していくことが求められる。

③ 担当者の配置

法務部門が担当する領域が決まれば、どのように法務担当者が受け付けた案件を処理していくかについて、検討を行う必要がある。

一般的には、会社別、部門別といった、社内の組織別に法務担当者を配置する方法（組織別担当制）、契約、紛争・訴訟といった業務別に法務担当者を配置する方法（業務別担当制）、このような区分を行わない手法（ランダム担当制）があり、選択に当たっては、企業の事業規模や法務部門の人員規模が大きな影響を与える。大規模な法務部門は、組織別担当制か業務別担当制を選択し、小規模な法務部門は、ランダム担当制を選択するケースが多い。

運用に当たっては、業務別担当制を選択する場合、法務担当者が担当する業務が偏るため、中長期的な法務担当者のキャリアを考えると、定期的に法務担当者のローテーションを行うことが求められる。また、組織別担当制を選択する場合は、こちらも法務担当者に配布する案件が偏ってしまう可能性を考慮する必要がある。例えば、法務担当者が研究開発部門を担当する場合、どうしても担当案件が、秘密保持契約、共同開発契約、ライセンス契約等の知財系の契約に偏ってしまう。解決の方法としては、定期的に法務担当者のローテーションを行う方法と、一定の共有案件を定めて、共有案件については、組織別担当制を無視して担当案件を配布する方法がある。共有案件を定める方法を選択する場合は、ある一定の組織については、法務担当者を設定せずに、この組織から受け付けた案件を共有案件として、案件に偏りのある法務担当者に配布するという運用を行うとスムーズに運用できるケースが多い。

3 全社的な業務フローの整備

① 承認ルートの考え方

法務部門のオペレーションを改善するための作業は、最初にターゲットとなる業務を設定し、その業務フローを整備していくことから始まる。まず第一歩としては、それぞれの業務ごとの処理フローをフロー図として書面に記載し、無駄な承認ルートや確認ルートが設定されていないかどうかを分析していく。特に承認ルートや確認ルートは、なるべくシンプルな形で運用する必要があり、それぞれの承認・確認作業に実効性があるかどうかを厳しい目で分析する必要がある。例えば、ある業務の処理フローの中で、職制に従って、担当者⇒係長⇒課長⇒部長という承認・確認ルートが設定されていると仮定する。現状、３階層の承認・確認ルートが設定されており、かなり手厚いチェックが行われていると考えられる。これが契約審査や法律相談依頼の申請フローであれば、直属の上司である係長が申請内容の詳細をチェックし、課長と部長は申請内容を形式的に見て受け流している可能性が高く、また現実的に課長と部長が申請内容の詳細を見る必要があるかどうか自体が疑わしい。なぜなら、契約審査依頼自体が課長や部長の承認・確認を必要とする重要な業務に該当する可能性は低く、スピードを優先させたほうが大きなメリットを享受できると考えられるからである。

現場の依頼者は、契約審査を早く完了して欲しいという要望を持っており、法務部門に申請が到着する前の部門内承認ルートが多すぎると、ここで大きな時間のロスが発生し、契約審査が遅延する原因となってしまう。このようなロスを防止するためには、１階層の承認ルートが理想で、最大２階層の承認ルートとすべきである。大量の案件処理を前提としたルーティンワークの業務フロー構築に当たっては、内部統制をベースとした建前論よりも、スピードや利便性といった生産性を優先する必要があり、業務の重要性を慎重に考慮して、承認・確認フローを構築することが求められている。

＜承認・確認フローの考え方＞

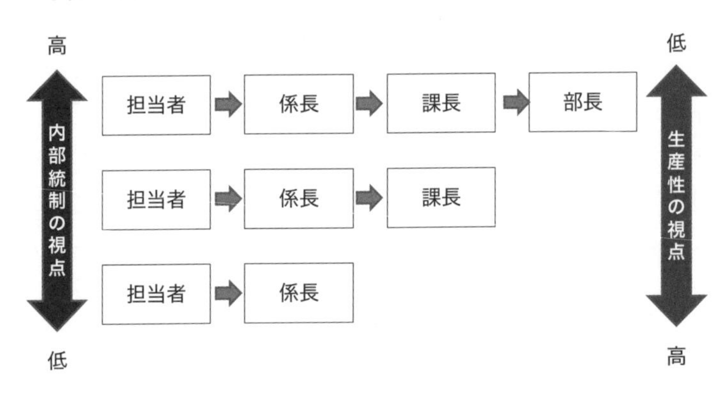

② Legal Tech の設計図

　このような観点で業務フローを慎重にチェックし、既存フローの中で発見した無駄を省くことにより業務フローの最適化を実現し、最終的に業務フロー図として完成させると、この業務フロー図自体が Legal Tech を導入する際の設計図となる。もし、しっかりとした設計図を作らずに見切り発車で Legal Tech を導入してしまうと、全く効果が表れないだけではなく、逆に業務の生産性を落としてしまうリスクがあるため注意が必要である。

　また、例外的な処理に対してどのように対応するかという課題も事前に検討しておく必要がある。例えば、契約審査フローにおいて、既定の承認フローを通さずに依頼申請が行われるケースがあり、主に案件処理を急ぐケースでこのような依頼申請が行われる。基本的な考え方としては、必要性が認められるため例外としての処理は認めるが、後付けで適正なフローで申請を行うことを求める必要がある。このような対応を行わないと、いつの間にか例外処理が通常処理になってしまうリスクがあり、そうなると正常な処理に戻すことに大きなコストがかかってしまう。また、正当な理由なく例外処理を求められた場合は、毅然とした態度で正規ルートでの依頼申請を求めなければならない。このようなメリハリのある態度が、運用の正常化につながる。

<契約審査の業務フロー事例>

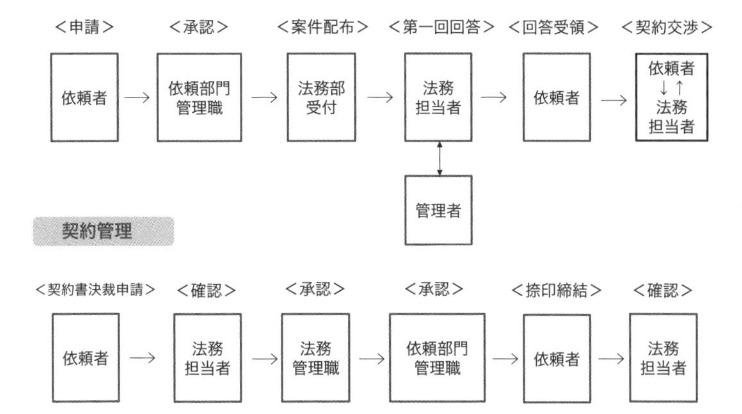

4 法務部門内の業務フローの整備

業務フローを考える上で、全社的な業務フローを検討すると同時に、法務部門内における業務フローを検討する必要がある。特に、法務部門のルーティンワークである契約審査業務や法律相談業務において、最初に検討すべき課題は、それぞれの業務フローの入口に当たる、案件の申請受付に関連するフローであるといえる。

現場の依頼者が案件を処理する法務担当者を自由に指定できる

オペレーション（分散型オペレーション）は、依頼者にとって便利であるが、法務部門にとっては、法務担当者が担当する案件を適切に配布・管理することができず、担当案件の数、種類、難易度の偏りという現象が常に発生し、生産性の改善や人材育成の観点から見ると大きな問題を抱えている。したがって、法務部門のルーティンワークに関係する業務フローは、申請受付の窓口を統一化するオペレーション（集中化オペレーション）を軸に検討すべきである。

集中化オペレーションを採用する場合、①受付窓口を一本化して案件配布を行うケース、②複数の窓口を設定してそれぞれの窓口から案件配布を行うケース、②最初に統一窓口で受け付けて中間の窓口に転送して案件配布を行うケースが想定される。本来、受付窓口を一本化することが理想であるが、案件数が多いと実際にオペレーションを行うことが厳しくなるため、必要最小限の範囲で複数の受付窓口を設定するケースも多い。例えば、案件数が多く、事業部門が５つある会社では、それぞれの事業部門ごとに５つの受付窓口を設定することが考えられる。

案件管理の関係上、案件の受付・配布を行う人物は１名とすべきで、複数の受付窓口を設定する場合は、それぞれの窓口ごとに案件の受付・配布を行う人物を設定し、法務担当者の案件処理状況を見ながら案件配布の最適化を検討する必要がある。案件配布は、法務担当者の生産性に大きな影響を与えるため、慎重に行わなければならない。

<法務部門の業務フロー>

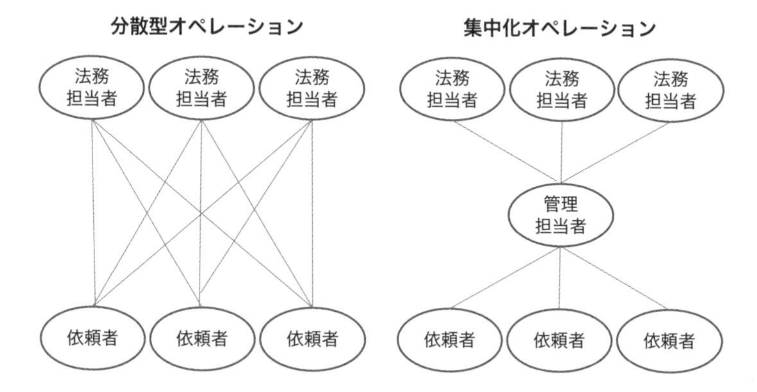

5 エッジ組織のマネジメント

① 法務担当者と管理者の関係

法務部門内における業務フローを検討する中で、案件を処理する法務担当者と処理結果をチェックする管理者の関係について考慮を行う必要がある。まず、1人の管理者に対して何人の法務担当者を配置するかという課題があり、最も現場の依頼者に近く、実際に案件を処理する法務担当者をどのように管理していくかという、ルーティンワークの生産性に直結する重要な課題である。管理者が原則として案件処理実務を行わず、チェック業務に専念できる場合は、3～5名程度の法務担当者の案件管理を行うことが最適なユニットの人員規模であることが多い。担当者の数が多すぎるとチェック業務に時間がかかり、管理者のチェック処理遅延を原因として生産性を落としてしまうケースが発生するため、生産性と品質のバランスを考えて人数を判断する必要がある。逆に考えると、この程度の案件管理を最適化できる管理者を育成していかなければならない。

<エッジ組織のマネジメント>

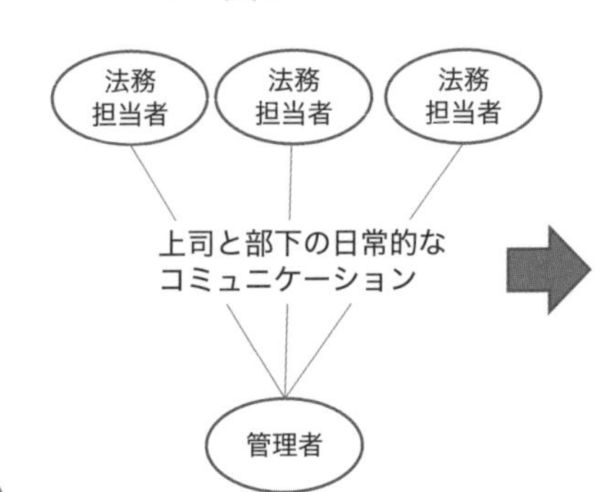

<契約審査の業務基盤>

- レビュー基準の設定
- ドラフトチェック依頼基準の設定
- 契約書の書式設定
- 契約書雛形のバリエーション
- 管理する担当者の人数
- 定期的なコミュニケーション

② 契約審査業務の業務基盤

次に契約審査業務の業務基盤としては、法務担当者が管理者にドラフトチェックを依頼する基準を設定することが重要である。例えば、定型的な秘密保持契約書については、リスク管理の観点から契約書レビュー作業に２人工をかける必要性はなく、法務担当者１人のレビューだけで十分であると考えられる。ただし、法務担当者によって能力が異なることから、統一的な基準というよりは、法務担当者それぞれの個性と能力に合わせて基準を設定し、法務担当者と管理者の相互でコンセンサスを得て運用を行う必要がある。この基準は、法務担当者のレベルを見ながら定期的に見直すことが望ましい。

また、契約書のレビュー基準を作成することも生産性に大きな影響を及ぼす。例えば、取引契約書ドラフトの中には、品質基準条項、知財条項、支払基準等、他部門のチェックとコメントを必要とする契約条項が多い。このような契約条項については、事前に他部門と協議を行い、会社として受入可能な範囲を定めておけば、他部門への照会作業を省略することができる。他部門への照会に時間がかかるケースも多いことから、レビュー基準を作成しておくと契約審査の納期短縮に大きく貢献する。

その他、契約書の書式設定のルールも事前に整備しておくと便利なツールである。特に契約書の文言の中で、「および」、「または」、「ただし」、「なお」等が頻出するが、これらをひらがな表記とするか、漢字表記とするか等の記載ルールを法務部門内で統一すると契約書の格調が高まる。その他、条項数の表記、文体・文調、契約書名義の肩書記載ルール等、統一すべき書式は多い。また、契約審査を行う頻度の高い契約書類型や典型契約の類型については、契約書の自社雛形を作成しておくと、その雛形を自社の契約審査基準として活用することができ、契約審査基準の統一化を図るツールとして活用することができる。契約書の自社雛形作成による業務改善効果は、予想以上に大きいため、積極的に雛形化を推進することを推奨する。

③　法務担当者と管理者間のコミュニケーション

エッジ組織のマネジメントでは、法務担当者と管理者間のコミュニケーションを重要視する必要があり、両者の関係は、ルーティンワークの生産性に大きな影響を与える要素であると考えられる。管理者は、法務担当者とのコミュニケーションに気を配り、依頼案件のチェックだけではなく、法務担当者のパフォーマンスや健康状態、依頼者との関係にも目を配る必要がある。組織の一体化を高めるためにも、チームで定期的なミーティングを持つことが望ましい。

法務部門として、組織の最小単位であるエッジ組織のマネジメントが有効に機能すれば、部門全体のパフォーマンスを向上させることができる。適正な人員でエッジ組織を構成しながら業務基盤を整備し、管理者によって適正なマネジメントが行われていれば、最先端のLegal Techを導入しなくても、ある程度良好な生産性を確保することができる。まずは、組織の足場を固めることが重要である。

＜契約書の書式設定のルール　事例＞

1. 表紙・標題

⑴　標題名

契約書の標題は、契約内容を反映した簡潔な名称とする。なお、原則として、「書」を付ける。

（例）「取引基本契約書」「共同研究開発契約書」

⑵　「案」の表示

契約書案には、それが契約書「案」である旨を表示する。

（例）「取引基本契約書（案）」

2. フォント

⑴　日本語及び数字

「MS明朝」を用いる。

⑵　英語

「Times New Roman」を用いる。

⑶　文字サイズ

「10.5P」を用いる。

⑷　全角半角

英数字は、半角文字を用い、平仮名、漢字及びカタカナは、全角文字を用いる。

3. 用字

⑴　文体

契約書の文体は、原則として「である」体を用いる。なお、権利義務を表す場合は、「～するものとする」を用いずに、「～しなければならない」又は「～ことができる」を用いる。

⑵　接続詞

イ　原則、平仮名を用いる。

（例）「かつ」、「ただし」、「また」、「なお」

ロ　例外として、「及び」、「並びに」、「又は」、「若しくは」、「併せて」は漢字を用いる。

⑶　助詞及び助動詞

原則、平仮名を用いる。（例）「ほど」、「まで」、「など」

⑷　接尾語

「ごと」（例：5分ごと）は、平仮名を用いる。

⑸　同音異議語

イ　「モノ」

・「者」は、法律上の人格者、すなわち自然人及び法人を指す場合に用いる。

・「物」は、人格者以外の有体物を指す場合に用いる。

・「もの」は、「者」又は「物」に当たらない抽象的なものを指す場合や英語の関係代名詞に当たる用法で一定の者又は物を限定する場合に用いる。

ロ　「トキ」

・「とき」は、「場合」と同じように仮定的な条件を表わす場合に用いる。

・「時」は、一定の時刻・時点を示す語として用いる。

⑹　その他

イ　以下の用語は、平仮名を用いる。

「とおり」、「こと」、「ところ」、「とも」（例：説明するとともに意見を聞く。）、「ほか」、「ゆえ」、「わけ」、「うち」、「ため」、「まま」、「よう」、「ある」、「ない」、「いる」、「なる」、「できる」、「～てよい」、「～にすぎない」、

「～について」、「～において」、「～によって」、「～にわたって」、「みなす」、「あらかじめ」、「いう」

ロ　以下の用語は、漢字を用いる。

「～に当たって」、「～の上で」

ハ　月の表記は、以下のとおりとする。

算用数字の場合、「か月」を用いる。（例）１か月

漢数字の場合、「箇月」を用いる。　（例）一箇月

4．符号

⑴　句点（。）

イ　原則、以下の場合は句点を付けない。

・事物の名称を列記する場合

・「～した時」、「～するもの」などで列記する場合

・名詞形で終わる場合

ロ　例外として、「とき」、「こと」で終わる場合又はすぐ後に文章が続く場合、句点を付ける。

⑵　中黒（・）

事物を列挙する場合であっても、用いない。

⑶　括弧

イ　日本語の場合、全角を用いる。英語の場合、半角を用いる。

ロ　括弧内においても、句読点は括弧外と同様に用いる。

ハ　かぎ括弧の中でさらにかぎ括弧を用いる場合、原則、『』（二重かぎ括弧）を用いる。

5．改行

⑴　「なお」書は改行する。

⑵　「ただし」、「この場合において」は改行しない。

6．略称

⑴　右のとおり略称を表記する。（以下「〇〇」という。）

⑵　当事者の略称は、「甲、乙、丙、丁、戊・・・」を用いる。当社が文案を作成する場合、甲を当社とする。なお、英文の

場合、適切な略称を用いる。

7. 金額

金額は、半角の算用数字で表示し、3桁ごとに「,」で区切る。

（例）2,150,000円

8. 条数

⑴ 条数表示

イ 日本語の場合、「条（第1条）」、「項（1.）」、「号⑴」、「ア.」の順で行う。また、それぞれの後には、全角スペースをおく。

ロ 英語の場合、「Article 1.」、「1.1」、「(a)」、「(i)」の順で行う。また、それぞれの後には、半角スペース2つ分をおく。

ハ オートコンプリート機能を使わない。

⑵ 見出し

イ 日本語の場合、見出しは、条数の次にスペースを入れず、詰めて表記する。

（例）第1条（目的）

ロ 英語の場合、見出しは、条数の次に半角スペース2つ分をおく。太字にし、下線を引かない。一文字目を大文字にし、二文字目以降を小文字で表記する。

（例）Article 1.　Definitions

⑶ 条項間のスペース

条と条の間には1行スペースを入れる。項と項の間には、スペースを入れない。

9. 署名欄

⑴ 日本語の場合、「住所」、「会社名」、「部署名」、「役職」、「氏名」の順で表記する。

⑵ 英語の場合、「By」、「Name」、「Title」、「Date」の順で表記する。

⑶ 「住所」には、本店所在地の住所を記載する。（当社の住

所にはビル名は記載しない。）

10．その他

⑴　収入印紙

印紙貼付が必要な契約書は、その位置及びその金額を表示する。

⑵　頁数

頁下中央に算用数字を用いて表示する。

書式は「1、2、3、4･･･」とし、「1/1」や「P.1」などとしない。

⑶　日付

西暦で表示する。

⑷　字下げ

書き出しで字下げをしない。二行目以降は一行目の書き出しに合わせる。

⑸　採番

採番を付した契約書には、ヘッダーに採番を表示する。

6　見える化の推進

①　数値データの取得

一般的な視点から見て、作業を最適化するためには、最適化を判定するための基準が必要で、この基準を作成するためには、正確な数値を必要とする。また、正確な数値を得るためには、作業プロセスを可視化して、測定ポイントを定めて数値を測定し、その数値をデータとして蓄積していかなければならない。

実際に作業の最適化を実現するためには、一定期間、蓄積された数値データを使って作業内容を分析し、さまざまな仮説を立てながら改善点を探っていく。したがって、法務業務の生産性改善を目的とした業務改革を実行する際は、最初の第一歩として作業の見える化を推進することが最も重要で、数値データをベースとして問題点を発見し、仮説を立てながら改善策を探っていくことが求められる。

② 契約審査業務の最適化

契約審査業務を最適化するためには、審査依頼から回答までの業務フローを検証してフローの中から無駄を省くだけではなく、それぞれの業務プロセスにおける数値データを検証することによって問題を発見し、また一定期間における数値データの推移の中から問題点を発見して改善策を考える必要がある。さらに改善策を実行し、トライアンドエラーを繰り返しながら少しずつ業務を改善していくことが求められ、これがまさに契約審査業務のPDCAサイクルの中核であるといえる。

業務改善を行うために必要な数値データとしては、案件の処理件数と納期遵守率が特に重要なデータである。案件の処理件数については、法務部門全体の処理件数と担当者ごとの処理件数を数値化し、納期遵守率については、5日納期（1週間処理）、10日納期（2週間処理）を数値化することを推奨する。また、運用の中でそれぞれの目標値を設定して管理することが望ましく、最初は6か月程度の数値を計測して平均データを算出し、目標値を設定するための参考にするとよい。

③ 契約書難易度の数値化

さらに一歩進んで、契約書の難易度を数値データ化することも有効である。数値化の要素としては、言語（日本語・外国語）、ドラフトのパターン（自社雛形・他社雛形）、契約書のボリューム、関係部門への確認の有無（法務部門以外との連携の有無）、リーガルリサーチの有無、ボーナスポイント（その他加点要素）等があり、これらの難易度の要素をそれぞれ数値化し、その数値を合計して、3ランク程度に区分すると難易度を管理しやすい。

実際に難易度を数値化するに当たっては、法務担当者の視点に立って、法務担当者が契約審査を行う際に必要な労力を増加させる要因は何かという視点を持って数値化の要素を抽出し、これらの要素に点数をつけ、合計点数で難易度を判定する仕組みを構築していく。

<契約書の難易度判定モデル>

言語	日本語：1点、英語：2点
ドラフトのパターン	当社の雛形：0点、当社の文案：2点、相手方文案：2点
ボリューム	3ページ以下：1点（NDAは5ページ以下） 4から6ページ以下：2点 7から9ページ：3点、3ページ加算ごとに1点追加
関連部門への確認の有無	なし：0点、有り：1点
リーガルリサーチの有無	なし：0点、有り：1点
ボーナスポイントの有無	なし：0点、有り：3点、多い：5点

難易度ランク	ランクⅠ（合計点数7点以下）1ポイント ランクⅡ（合計点数8点～15点以下）3ポイント ランクⅢ（合計点数16点以上）5ポイント

④ ボトルネックの発見

業務プロセスの見える化を推進することによって数値データが取得できれば、毎月定期的にデータをチェックし、処理フローの中で眠っているボトルネックを探していく。例えば、納期遵守率が低くなってしまう原因を大まかに区分すると、法務担当者の処理能力の問題、業務フローの問題に大別される。法務担当者の処理能力の問題については、案件の配布数が処理能力と比較して適正であったかどうかの問題であり、それぞれの法務担当者の処理能力をしっかりと見極めて配布件数を調整すれば改善される。特に法務担当者の処理能力は、契約審査以外の業務量、体調や家庭環境といったプライベートな問題に影響を受けることも多く、毎月変動する可能性が高いため、管理者が法務担当者の就業環境を細かくチェックする必要がある。また、業務フローに問題があれば、業務フローまたは各プロセスの改善策を検討する必要がある。例えば、ある契約条項について、他部門へのリスク照会に時間がかかっている場合は、前述のレビュー基準を整備することで改善されることが多い。また、案件を処理するための情報収集に時間がかかっている場合は、契約書の審査依頼申請の際に依頼者が提出する情報を充実させることで改善されることが多い。

契約審査業務を最適化する上で重要なポイントは、データをベースとしてボトルネックを発見することと、小さな改善の積重ねが全体の生産性に大きな影響を与えることを意識することで、法務担当者と管理者が連携して日々の小さな努力を積み重ね、業務を少しずつ改善していくことが最も重要なポイントである。仮に、契約審査1件について5分間の時間を短縮できれは、年間1,500件程度の契約書を審査すると仮定すると、7,500分（125時間）の業務時間を短縮することができる。1件あたり5分は大した数字でないが、積もり積もって125時間になると大きな貢献であり、まさに小さな工夫の積重ねという発想が契約審査の生産性を大きく高める要因となる。このような発想を法務部門内で浸透させていくと、しだいに意識が高まり、徐々に生産性が改善されていく。

＜契約審査業務の数値化モデル＞

担当者名	件数	5日処理（割合）	10日処理（割合）	ランクⅠ件数	ランクⅡ件数	ランクⅢ件数
A	91	93%	99%	84	7	0
B	153	73%	95%	145	8	0
C	83	77%	99%	72	10	1
D	177	95%	100%	159	17	1
E	162	86%	99%	135	24	3
F	73	99%	100%	64	7	2
G	55	84%	98%	44	11	0
合計	794	86%	98%	703	84	7

7 見える化から人事評価へ

① 人事評価へのパフォーマンスデータの活用

契約審査業務の数値化が達成できれば、このパフォーマンスデータを活用して、法務担当者の人事評価を定量的な指標を使って実施することができる。従来から、法務担当者の人事評価は、定性的な指標を使って相対評価で実施されることが通常であり、納得感に欠けるケースも散見され、不満の材料となっていた。確かに法務担当者が遂行する業務のすべてを数値化することは難しいと考えられるが、数値化できる業務は可能な限り数値化し、客観的なデータを基に人事評価を行うことが望ましい。例えば、契約審査業務や法律相談業務といった法務担当者のルーティンワークは、パフォーマンスの多くを数値化することが可能で、定量的な指標を使って人事評価を行うことができる。

② 業務指標データを使った人事評価

実際のところ、処理件数、難易度ポイント（難易度ランクをポイント化したもの）、納期遵守率といった、管理者が法務担当者の作業パフォーマンスをチェックするために利用しているパフォーマンスデータをそのまま使って人事評価を行うことが可能である。また、パフォーマンスデータを使って評価を行う場合は、期初の目標設定時に適切な目標を設定することが重要で、処理件数と難易度ポイントは、それぞれの過去1年程度の平均データを使って設定すると運用が安定する。また、定性的な要素をゼロにすることは難しく、評価に弾力性を持たせるため、30%程度は定性的な要素を残したほうがよいと考えられる。

③　評価基準の設定

パフォーマンスデータを使って人事評価を行う場合は、必ず評価基準を定める必要がある。例えば、5段階評価を原則とすると、期初に設定された目標数値との関係で、プラス25%以上はS評価、プラス15%以上～25%未満はA評価、プラス15%未満～マイナス15%未満はB評価、マイナス15%以上～25%未満はC評価、マイナス25%以上はD評価といった、具体的な評価基準を定めておく必要がある。また、評価を算出する際には、この評価基準に対して、実際のパフォーマンスデータをあてはめて評価を算出することになるが、例えば、S評価20ポイント、A評価10ポイント、B評価0ポイント等、評価自体をポイント化して計算すると集計作業が容易になる。

このように定量的なパフォーマンスデータを利用して人事評価を実施すると、ルーティンワークに対する法務担当者の意識が大きく変化し、業務改善へ向けたインセンティブを大きく高めることができる。さらに人事評価とパフォーマンスデータを連動させることで、結果的に法務部門全体のルーティンワークの生産性を大きく改善させることができる。法務担当者の意識改革は、業務プロセスの見える化から始まり、人事評価と連動させることで大きく進化する。

＜人事評価の計算事例＞

1．人事評価の計算式

期首の目標（割合設定）

契約 法律相談（50%）
プロジェクト（20%）
業務改善（30%）

目標達成度評価（個別）

評価	評価指標
S（20P）	＋25%以上
A（10P）	＋15%以上 ＋25%未満
B（0P）	＋15%未満 △15%未満
C（－10P）	△15%以上 △25%未満
D（－20P）	△25%以上

目標達成度評価（総合化）

評価	評価指標
S	＋14P以上
A	＋7P以上 ＋14P未満
B	＋7P未満 △7P未満
C	△7P以上 △14P未満
D	△14P以上

2．契約法律相談の業績指標データ

	処理件数（10%）				難易度ポイント（10%）				10日納期遵守率（10%）			5日納期遵守率（20%）			法律相談（20%）			定性評価（30%）	総合評価
	目標	実績	達成率	評価	目標	実績	達成率	評価	目標	実績	評価	目標	実績	評価	目標	実績	評価	評価	
A	30	35	117%	A	42	55	131%	S	95%	100%	S	85%	89%	B	30	35	A	A	A
B	87	80	92%	B	122	110	90%	B	95%	85%	B	85%	66%	C	30	28	B	B	B
C	87	74	85%	B	122	83	68%	D	95%	91%	B	85%	80%	B	30	41	S	B	B
D	87	79	91%	B	110	114	104%	B	95%	97%	B	85%	78%	B	30	38	S	B	B
E	87	125	144%	S	110	177	161%	S	95%	100%	S	85%	97%	A	30	32	B	A	A
F	87	77	89%	B	110	99	90%	B	95%	99%	A	85%	97%	A	30	35	A	B	B
G	87	89	102%	B	97	91	94%	B	95%	100%	S	85%	100%	S	30	39	S	B	A

＊10日納期は、100%でS評価、99%でA評価とする。
＊5日納期は、100%でS評価、95%以上でA評価とする。

3．Aの評価（目標割合：契約法律相談50%、プロジェクト20%、業務改善30%）

(1) 契約法律相談　50%

- 処理件数（10%）：A評価　10P × 10%＝1P
- 難易度ポイント（10%）：S評価　20P × 10%＝2P

・10日納期遵守率（10%）: S評価　20P × 10%＝2P
・5日納期遵守率（20%）: B評価　0P × 20%＝0P
・法律相談（20%）: A評価　10P × 20%＝2P
・定性評価（30%）: A評価　10P × 30%＝3P
・合計P：1P＋2P＋2P＋0P＋2P＋3P＝10P　契約法律相談A評価（10P）

⑵　プロジェクト　20%
プロジェクトB評価（0P）

⑶　業務改善　30%
業務改善A評価（10P）

⑷　総合評価
（契約・法律相談A評価10P × 50%）＋（プロジェクトB評価0P × 20%）＋（業務改善A評価10P × 30%）＝8P　総合評価A評価（8P）

8　マーケティング

①　個人商店型のビジネスモデル

法務部門を立ち上げた初期の段階では、社内に法務部門の活動と存在を周知し、依頼者である現業部門との人脈を構築していく必要があるため、顧客訪問型のビジネスモデルを選択することが多い。このモデルは、いわゆる個人商店型のビジネスモデルで、現業部門を訪問して依頼者との人脈を構築することにより、人と人とのネットワークを構築し、さらに人間関係を発展させていくことで、法務部門の敷居を下げて案件の依頼を促し、徐々に法務部門の存在感を高めていくことに特徴がある手法である。さらにこの手法は、認知度と信頼度の向上を狙う初期の法務部門にとって必須の手法であるといえる。

② 量販店型のビジネスモデル

法務部門が社内で認知され、依頼者との人間関係が構築されて信頼を獲得すると、徐々に依頼案件が増加する。依頼案件が増加すると、必然的に案件の処理能力を増加させることが必要となり、法務担当者を新規に採用して処理能力を増加させるか、業務処理を効率化させて処理能力を増加させることを検討しなければならない。この段階になると、業務効率化の一環として依頼者を訪問する回数は減り、法務担当者がオフィス内で案件の依頼を待つ来店型のビジネスモデルを選択することが多い。これがいわゆる量販店型のビジネスモデルで、マーケティング活動を行うことで需要データを分析し、業務の効率性を高め、業務品質の安定化を図る手法を用いることに特徴がある。

量販店型のビジネスモデルを選択する場合、マーケティング活動を効果的に行わないと、いつの間にか案件処理の生産性が落ちてしまう、またサービスレベルの低下によって法務部門が信頼を失い依頼案件が減ってしまうという深刻な問題を引き起こす可能性がある。したがって、基本的なパフォーマンスデータである依頼部門ごとの依頼案件数と依頼を受けた契約種類を定期的に分析し、生産性とサービスレベル低下の防止策を検討しなければならない。例えば、事業部門ごとに法務担当者を配置している場合は、依頼案件数の推移をモニタリングして分析することにより、依頼案件の量に合わせて必要な法務担当者を配置することができる。依頼件数がビジネスサイクルや景気動向で変動することも多いため、日常的なモニタリングが有効である。あと、依頼案件の契約種類をモニタリングすることにより、契約雛形や契約審査基準等の業務基盤を整備する際の優先順位について、優先度を正確に分析することができる。また、法律相談案件の種類をモニタリングすることにより、相談の多い質問については、汎用の回答フォーマットを事前に準備することが可能となり、回答の納期短縮と処理コストの削減につなげることができる。

③　マーケティングデータの活用

契約審査については、すべての契約書を法務部門の審査対象とせず、一定の基準を設けて審査対象を絞って運用している企業が多い。ところが、運用されている実態を見てみると、審査対象以外の契約が審査されていることが多いことに気づく。マーケティング活動によって日常的に依頼件数や契約書種類の動向を分析していると、このような問題に早く気づくことができる。さらにビジネス環境の変化や景気の変動によっても契約に関連するリスクは変動することから、定期的に契約書の審査対象基準を見直す必要性がある。このような見直しの機会にも、マーケティング活動で分析したデータを活用することができる。

9　グローバルマネジメント

①　グローバル法務の定義

企業法務関係者にグローバル法務の定義について尋ねてみると、海外で発生した法務案件の処理体制として回答している人が最も多く、その他、日本本社の法務部門と海外の法務部門との役割分担、さらに一歩進んで世界中の法務部門の統括を指すと回答する人もいる。なぜ、人によって回答が異なるかといえば、それぞれが所属する会社の法務部門が置かれている状況が異なっていることが原因であると考えられる。

歴史的に見ると法務部門は、まず本社所在地の法務問題を処理するところからスタートし、事業の拡大に伴って海外案件を処理する機会が増え、案件が一定のレベルを超えると現地に法務部門を設置していく。現地に法務部門を設置すると案件処理はスムーズになるが、時差や距離の関係でコミュニケーションが問題となっていき、さらに現地の法務責任者が現地採用になると、統制が取れない事態が往々として発生する。最終的には、世界全体の法務機能の統括を目指すことになるが、この境地に至るまでには長い道程を要する。ここで「グローバル法務」の定義について整理すると、日本本社の法務部門で海外案件を処理している会社は、海外で発生した法務案件の処理と答え、すでに海外子会社に法務部門を設置している会社は、海外で発生した法務案件の処理に加えて、日本本社の法務部門と海外の法務部門との役割分担と答えることになるであろう。

法務業務のグローバル展開を考えたとき、まず自社の法務部門がどの立ち位置にあるのかを正確に把握する必要がある。海外ビジネスの規模と海外法務案件の量によって、①日本で海外案件をすべて対応している会社（日本集中型)、②現地法務組織の設置を検討している会社（組織準備型)、③現地法務組織はあるが、それぞれ独立して運営されている会社（独立型)、④現地法務組織があり、機能的に連携しながら運営されている会社（連携型）に区分される。これらの区分は重要で、それぞれのカテゴリーの中での課題と解決策は大きく異なっているため、現在の法務部門の立ち位置を正確に確認し、それぞれ個別に中身を検討していくことが求められる。

＜法務部門のグローバル展開＞

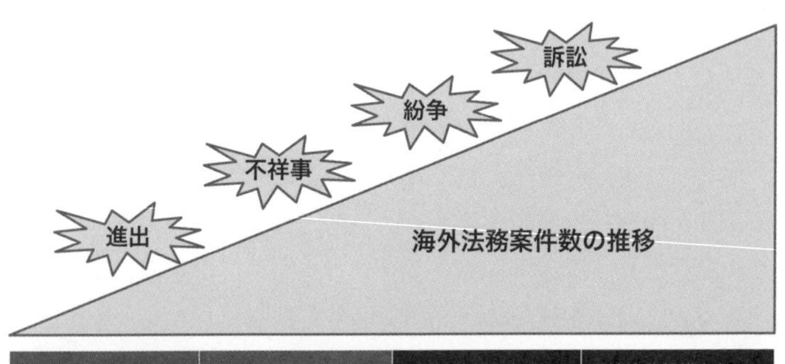

日本法務で海外案件を全て対応 ＊日本集中型	現地法務組織の設置を検討中 ＊組織準備型	現地法務組織あり（連携なし） ＊独立型	現地法務組織あり（連携あり） ＊連携型

グローバル法務の定義	≠ 海外案件を処理する法務 = 統一システムのもとで複数の法務部門が連動する法務

② 日本集中型

日本集中型は、海外ビジネスが小規模で海外法務案件が少なく、日本で集中的に案件を処理したほうが効率的な会社といえる。このような会社では、全世界の案件を日本で一括処理することになるため、案件処理を目的として各国法制に関する情報をいかに効率的に入手するか、また、海外案件を相談する法律事務所をいかに開拓するかが課題となる。特に、法律事務所については、海外の法律事務所よりも、むしろ日本国内の法律事務所で渉外案件をコーディネートできる事務所のニーズが高いと考えられる。

③ 組織準備型

組織準備型は、海外ビジネスが拡大期にあり、海外案件が増加している会社で、このような会社では、日本において海外案件を一括処理することに限界を感じているケースが多いと考えられる。

例えば、現地子会社とのコミュニケーションに時間がかかる、海外案件で使う弁護士費用が高額といった悩みや、そもそも法務案件が現地で全くチェックされていないのではないかという疑いを持つこともあり、現地の情報が日本に入らず、不祥事やトラブルが起きて驚くということが日常的に起きていると想定される。

④　独立型

独立型は、現地に法務組織が存在するため、一見すると悩みは少ないように感じられ、現地の法務案件を現地で処理できるため非常に効率的であるといえる。しかし、現地情報の把握という観点から見ると、組織準備型と同じような悩みを抱えている。つまり、日本の法務部門と現地の法務担当者や法務マネージャーとのコミュニケーションがないため、現地の情報は、現地の日本人幹部を通じてしか入らないという事態が発生する。現地で法務案件が処理されているだけ安心ともいえるが、現地の情報が入りにくいという問題点は同じであり、現地の法務部門と日本の法務部門に軋轢が生まれるという問題もある。例えば、日本の法務部門が出した方針に現地の法務部門が全く従わないということがあり、日本と現地で意見が合わず、グローバルポリシーの策定をあきらめざるを得ないという事例もある。

⑤　連携型

最終的には、連携型が法務業務のグローバル展開における到達点であるといえ、法務部門におけるグルーバルマネジメントとは、ただ単純に海外案件を処理するだけではなく、統一的なシステムのもとで複数の法務部門が連動することを意味する。

近年、法務機能強化の動きが加速し、連携型を採用する日系企業の法務部門は、増加傾向にあるといえるが、まだまだ道半ばの企業も多い。特に、管理部門の機能を軸とした横軸統制よりも、社長を中心とした縦軸統制を好む日系企業のマネジメントスタイルで、ここまで到達するためには、さまざまな工夫が求められる。例えば、現地の法務マネージャーをすべて本社からの派遣員とすれば、比較的簡単に現地をコントロールできるが、ダイバーシティーの観点から見ると、これが正しい手法であるとはいえない。また、現地子会社にとっての関心事はビジネスそのものであり、管理部門の存在はコストにすぎないという思想も根強く存在している。不祥事が発生すれば追い風になるが、追い風を待つだけでは芸がなく、日系企業独特のマネジメント文化の中で、各社、さまざまな工夫をしながらレポーティングラインを構築し、苦労しながら統制をかけている。

⑩ レポーティングライン

① レポーティングラインの考え方

レポーティングラインとは、組織の指揮命令系統のことで、訴訟、M&A、企業不祥事といった会社に大きな影響を与える案件を担当する法務部門では、重要な業務基盤となっている。例えば、複数の国にまたがるこれらの案件を処理するためには、グループ会社内における複数の法務部門が連携する必要があり、大型案件では、法務部門内で案件に関与する法務担当者の数も増加する。レポーティングラインは、法務担当者、管理職、法務部門長という法務部門内のレポーティングラインと、子会社法務責任者、本社法務責任者というグループ会社間のレポーティングラインという、２つの側面で考える必要があり、特にグループ会社間のレポーティングラインは複雑かつデリケートな問題を含むため、慎重に考慮しなければならない。企業のビジネスが国際化した現代において、海外子会社に法務担当者を配置する、法務部門を設置する、また買収した会社に法務部門が設置されているといったことを契機として、グループ会社間のレポーティングラインの整備を検討するケースが増えている。

② 縦型レポーティングライン

海外子会社法務部門とのレポーティングラインを見てみると、外資系の企業の多くで導入されているのが、縦型レポーティングラインで、各国の事業会社の法務責任者は、地域統括会社の法務責任者にレポートし、各地域統括会社の法務責任者が本社の法務責任者にレポートするという組織であり、法務部門が縦のラインでつながっているレポーティングラインのことをいう。このレポーティングラインの中では、ノーサプライズの原則に従って、下位の法務責任者は、上位の法務責任者に随時レポートを行う。

縦型レポーティングラインの利点は、中央集権的な法務組織を構築することができ、情報が縦に流れることにより、有機的に法務担当者同士で情報が交換できると考えられる。また、本社の法務責任者がグループ法務機能全体の人事評価を含む人事権や予算決定権を持つことが多く、法務部門全体のレベルの平準化と統制強化に有利に働く。特に人事評価の権限は、組織を統制する上で重要な権限であり、グループ法務機能の強化に役立つ。一方で、縦型レポーティングラインの弱点は、法務担当者が事業会社の意向と乖離してしまうことがあり、事業部門との軋轢を生む可能性がある。

<縦型レポーティングライン>

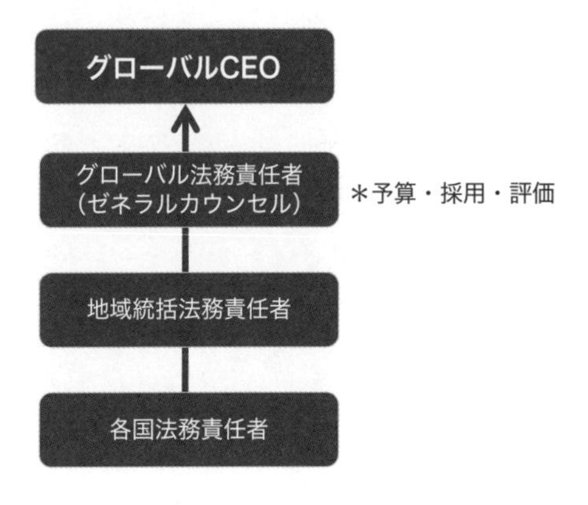

② 横型レポーティングライン

日系企業が多く採用しているのが、横型レポーティングラインで、事業会社の法務の責任者は、それぞれの事業会社の社長や担当役員にレポートする組織である。横型レポーティングラインの利点は、事業会社の法務組織がビジネスに密接に関わり、事業部門サイドの要請を深く理解し、共通の利益のためにリーガルサービスを提供できることが考えられる。一方で、横型レポーティングラインの弱点は、事業会社の法務責任者が事業会社の意向に寄りすぎてしまい、独立性が保てずに、法律上またはコンプライアンス上の問題を見逃すようなことも考えられる。また、本社法務部門と事業会社法務部門が連携できないケースが多く、本社の法務責任者がグループ法務機能全体の人事評価を含む人事権や予算決定権を持たないことから、グループ法務機能をうまく統制することができない。したがって、法務機能としてのシナジー効果を得ることができないため、横柄レポーティングラインの採用は避けるべきである。

<横型レポーティングライン>

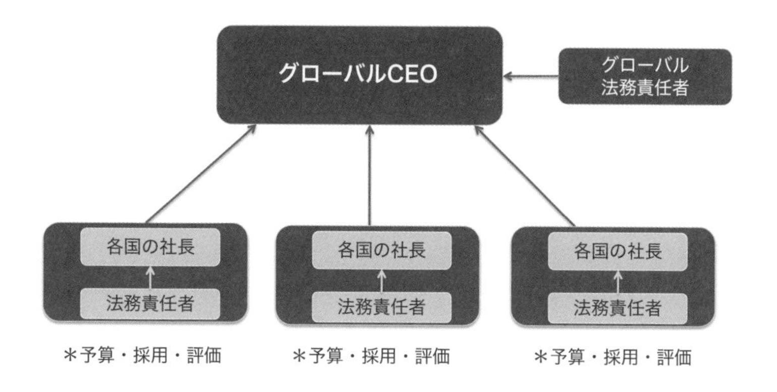

③ ハイブリッド型レポーティングライン

一部の日系企業や比較的グローバル管理の緩やかな外資系企業で用いられているのが、ハイブリッド型レポーティングラインで、法務組織の縦、事業会社の横のラインのいずれにもレポートラインが存在し、いずれかが主でもう一方が従の関係となっているケースが多い。ハイブリッド型レポーティングラインの利点は、縦型と横型の利点を併せ持っていることである。事業会社の法務責任者は、毎月1回、四半期に1回等の頻度で、地域統括会社の法務責任者にレポートし、各地域統括の法務責任者が本社の法務責任者に同じ頻度でレポートを行うことが多く、レポート基準については、案件の金額や会社に与える影響度に応じて設定されているケースが多い。一方で、ハイブリッド型レポーティングラインの弱点は、人事考課や予算管理が複雑になることで、指揮命令権が曖昧になってしまう可能性があるため、実際の運用において注意が必要である。

<ハイブリッド型レポーティングライン>

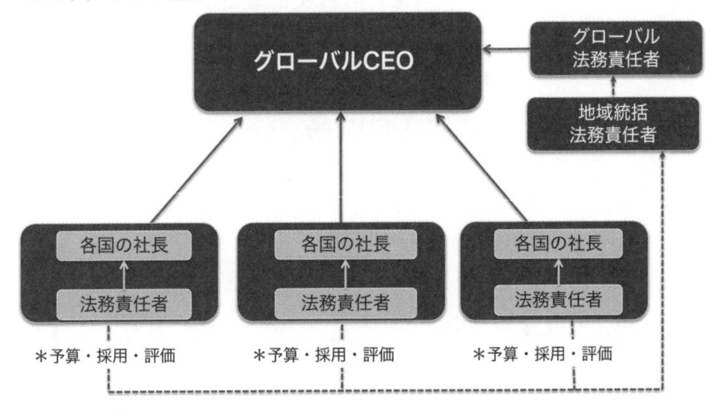

④ レポーティングラインのあるべき姿

企業としては、企業風土や組織体制を考慮し、縦型レポーティングラインかハイブリッド型レポーティングラインを選択するべきであり、本社の法務責任者がグループ法務機能全体の人事評価を含む人事権や予算決定権を持つことが重要なポイントとなる。本社の法務責任者がグループ法務機能を実効的に統制していくためには、事業会社の法務責任者の人事に影響力を持つことが必要であり、給与に影響を与える人事評価の権限を持つことが必須であるといえる。したがって、グループ法務機能を高いレベルで統制するためには、少なくとも事業会社の法務責任者の人事評価の一部か賞与の評価権限を持つことが必要で、これらの権限を持つことができないと上下の関係が生まれず、実質的な統制は不可能となる。

最近の潮流として、欧米企業の事例を参考として、日系企業においても、CLO（Chief Legal Officer）やジェネラルカウンセルという機能を設置する企業が増加している。これらは、最高位の法務責任者ポジションであり、経営者や事業部門の責任者からさまざまな相談を受ける役割があり、あらゆる事業の情報が集められ、経営者に価値ある助言ができる人物が求められている。また、日系企業では、これらのタイトルを付与せず、法務責任者を執行役員として処遇する企業も増加している。

⑪ グローバルコミュニケーション

法務機能をグローバルレベルで運用していくため、法務部門は、3つのレポーティングラインのうち、縦型レポーティングラインかハイブリッド型レポーティングラインを選択することになるが、法務部門間のグローバルコミュニケーションのあり方についても検討を行う必要がある。本社単体ではなく、グループとしての法務機能を適切に運用していくためには、本社の法務部門と各国の法務部門との意思統一を図る必要があり、何よりもまず各国の法務責任者の個性と能力を把握することが求められる。また、レポーティングラインを円滑に運用していくための人間関係を構築しなければならない。このため、毎年1回程度は、各国の法務関係者を集めたグローバル法務会議を開催することが望ましい。グローバル法務会議は、各国法務部門の年度ごとの戦略とグループとしての共通戦略について討議を行う場で、会議の共通言語として英語を選択すべきである。本来であれば、法務担当者を含めたすべての法務関係者の参加が望ましいが、予算の関係上、参加者が法務部門長と主要スタッフに限られることが多い。しかし、実際に会って話す機会は貴重で、お互いの距離を一気に縮めることができる。

法務部門の日常的なコミュニケーションとして、法務部門長間でレポーティングラインが運用されている。このレポーティングラインとは別に、ある程度の規模の法務部門であれば、実務レベルで重要な役割を果たしている中間管理職が各国の法務部門とのコミュニケーションを行う機会を設定することが望ましい。例えば、本社の法務部門内で各国の法務部門とのコミュニケーションを担当する責任者を数名設定し、各責任者が月次で打ち合わせを行い、情報交換を行うことが考えられる。このようなコミュニケーションチャネルを構築すると、海外法務部門との交流が活発化し、日常業務にプラスの影響を与える。また、グループ共通戦略の中でグループ統一プロジェクトを設定し、このプロジェクトに各国の法務担当者を参加させて定期的な打ち合わせを行うことも、法務部門間のコミュニケーションの活性化に役立つ。グローバルレベルでコミュニケーションを活性化し、法務機能を強化していくためには、部門長レベル、管理職レベル、担当者レベルのそれぞれで、日常的に交流を持つ機会を設定することが求められる。

さらに一歩進めて、各国の法務部門と人材交流を行う機会を設定することも考えられる。１～２年間といった短期間の研修派遣制度やビザなしで対応できる範囲の研修出張制度を運用すると人材育成に役立つ。特に研修出張制度は、低コストで手軽に実施できることから、まずはこの制度で運用を開始し、効果があるようであれば、研修派遣制度を検討するといったステップを踏んだ運用を行うことが現実的である。また、海外子会社に法務部門を設置する際の選択肢として、最初に日本人法務担当者を現地に派遣するケースと最初から現地で法務担当者を雇用するケースがある。もし現地で法務担当者を雇用することを選択する場合は、採用した法務担当者を一定の期間、本社の法務部門で教育し、法務担当者の個性と能力レベルを把握することが望ましい。

12 法務戦略

① 部門運営方針の作成

日系企業では、年度ごとの事業計画と3～5年程度の期間を対象とした中期事業計画を策定する会社が多い。これらの会社の動きに合わせて、法務部門も部門運営方針を作成しているケースが多く、一定規模の企業法務部門であれば、事業年度ごとに部門運営方針を必ず作成しているはずである。

② ミッションステイトメントと行動指針

法務部門をマネジメントする上で、部門運営方針の策定は大切な要素で、まずは各企業における法務部門の役割と依頼部門の期待を分析し、法務部門の基本的な運営方針（ミッションステイトメント）を策定することが重要である。ミッションステイトメントは、まさに法務部門の経営方針であり、法務部門長が抱く法務部門の経営ビジョンをわかりやすく示す必要がある。また、法務部門のミッションステイトメントに合わせて、法務担当者が日常業務の中で遵守すべき行動指針を定める必要がある。行動指針は、部門長や管理者が中心となって定めるよりも、法務担当者を中心としてボトムアップで定めたほうが実効性の高い行動指針ができあがることが多い。また、ミッションステイトメントと行動指針については、社会環境、経営環境、事業環境が一定周期で変化することから、これらの変化に影響を受ける可能性があり、定期的に見直すことが求められる。

ミッションステイトメントと行動指針が定まれば、この2つをベースとして、事業年度ごとの部門運営方針を定めていく。年度にとって課題と目標が異なることから、部門運営方針の内容は、年度によって異なることが原則である。ただし、業務インフラ整備や人員計画については、一定期間にわたって計画的にインフラ整備を行う必要性があることから、中長期的な目線で目標やスケジュールを設定する必要があり、中長期的な視野で戦略を検討し、実行プランを作成しておくことが求められる。中長期戦略には、ミッションステイトメントを中心として、法務部門の動向、法務部門の活動範囲、人材戦略、マネジメント方針等の基本戦略を定めることが求められる。

＜法務部門の中長期戦略　事例＞

- ミッションステイトメント
  法律とビジネスをつなぐことで、事業の継続的な発展に貢献する。
- 法務部門の動向
  コンプライアンスの常識化、案件のグローバル化、リスクの多様化、法からコードへ
- 法務部門の活動範囲
  海外子会社法務機能との連携、法律事務所とのネットワーク構築
- 人材戦略
  ハイスペック人材の採用、社内弁護士の採用
- マネジメント方針
  Legal Tech の積極導入、事業部との連携強化、顧客満足度の向上、外部専門家との連携

<法務担当者の行動指針　事例>

・計画立案
常にコスト意識を持ち、長期的な視点と短期的な視点を融合し、本質を見据えた計画を立案する。
・業務遂行
前例や慣習に囚われず、より高い目標を掲げ、絶え間ない努力を通じて業務を改革する。
・意思決定
事実を確認し、多角的な意見を取り入れ、空理空論を排除し、本質を見極めて素早い意思決定を行う。
・チームワーク
個人を尊重し、チームとしての価値観を共有することにより、個人活動を超えた成果を得る。
・多様性
グローバルな意識を持ち、世界各国／地域の法令・慣習・文化を尊重し、フェアな精神のもとで異質性と多様性を容認する。

③　法務機能の定義

法務部門としては、社内における機能分担、経営者の思想、依頼者のニーズを考慮し、自部門で担当する機能を定義することが求められる。契約審査、法律相談、訴訟・紛争といった一般的な法務機能は当然として、企業によっては、コンプライアンス機能、コーポレートガバナンス機能、内部統制機能、リスク管理機能、CSR機能を法務部門が持つところもある。それぞれの機能は、法務機能との親和性があり、法務部門で担当することが最適で相乗効果を生むことが多い。ただし、法務部門の機能は、各社のマネジメント体制、管理部門の人員バランス、企業風土、過去の歴史等の要素を総合的に考慮して決定されるため、一概に最適な形態を述べることはできない。一般的には、法務業務との親和性が高いコンプライアンス機能、コーポレートガバナンス機能は、法務部門が担当すると大きな相乗効果を発揮することが多い。

13 予算管理

企業の事業計画には、必ず予算が含まれるため、法務部門も部門運営方針と合わせて予算を策定する。法務部門の予算の多くは人件費であり、70%～80%が人件費という法務部門も多い。したがって、人員の増減によるインパクトが大きいため、法務部門が担当する機能を定義し、最適な人員計画を策定することが求められる。法務部門の人件費は、正社員、派遣社員、契約社員の費用に大別され、業務委託費も社員に代わって受注者が案件を処理する費用であるため、広い意味で人件費と同等に考える必要がある。業務委託は、法律事務所等に人材派遣を依頼し、オフィスに人員を常駐させて業務を委託するケースと、人材派遣を行わず業務を委託するケースがある。案件に関するノウハウを蓄積し、弁護士との人脈を構築するという意味では、人材派遣を受けることが有利であるが、コストが比較的に高く、また昨今の法律事務所の人材不足もあり、ある程度の規模感のある法務部門以外は難しいことが多い。また、週ごとに一定の時間、一定の料金で弁護士が企業内に常駐するというサービスを提供している法律事務所もあるため、業務委託の選択肢として、これらのサービスを利用することも検討できる。

私自身の経験値としては、日系企業における法務部門の予算は、グループ全体で連結販管費の１%程度で設定されるケースが多いと考えられる。また、訴訟や調査案件で多額の出費が見込まれる場合は、日常的な部門予算とは別に予算を設定したほうが、予算管理が楽になることが多い。特に日常的な部門予算は、一定の期間を区切って毎年の予算推移を分析するケースがあるため、日常的な部門予算と訴訟等の特別な費用の予算を分けたほうが、分析作業を容易に行うことができる。

弁護士費用については、法務部門が費用を負担するケースと、依頼部門が費用を負担するケースがある。リーガルコスト管理の一環として、法務部門がグループ全体の弁護士費用をチェックすることが望ましく、他部門が支払った弁護士費用を管理できる仕組みを構築することが求められる。例えば、法律事務所のインボイスはすべて法務部門経由とする、他部門が弁護士費用を支払った後に法務部門に報告する、経理部門に依頼して弁護士費用の支払データを取得する等、さまざまな管理手法がある。

法務部門の予算は、社内における法務部門の評価に大きな影響を受ける。社内で法務担当者が活躍し、法務部門が事業に価値を与える部門として認知されていれば、予算は必然的に増加する。一方で法務部門や法務担当者が目立たない存在であり続ければ、予算は減少していく。また、社内で不祥事が起きれば予算が増加するという傾向にある。

したがって、社内における法務部門の認知度と影響力を高めていくことが、十分な予算を確保するための必要不可欠な条件となる。ちなみに、法務部門長の社内政治力や経営者層とのコネクションも予算に大きな影響を及ぼすため、法務部門長は、自身の行動や言動に影響力を持たせるよう、日ごろから意識しておかなければならない。

⑭ 人材戦略

① 人材戦略の課題

予算管理で述べたとおり、人員計画は法務部門の予算に大きな影響を与えるため、法務部門にとって人材戦略は大きな課題となっている。日系企業の法務担当者は、４年制大学卒業の担当者、ロースクール卒業の担当者（非資格保有者）、弁護士資格保有者に大別され、これらの多彩なバックグラウンドを持つ法務担当者をどのように採用して配置していくかが課題となっている。

② インハウスロイヤーの採用

最近は、弁護士資格を有する人材がインハウスロイヤーとして企業で勤務するケースが増加している。インハウスロイヤーを採用する場合、弁護士会費の負担が問題となるが、業務を遂行する上での必要経費として会社が負担するケースが一般的である。弁護士会照会制度の利用、弁護士会研修、労働審判の代理人、簡易裁判所等の簡易案件の訴訟代理人、Attorney Client Privilege 対策等、企業内で弁護士資格を保有していることに対するメリットは大きく、費用を会社が負担する価値は十分にあると考えられる。その他、給与等の処遇は、一般社員と同様のケースが多く、特別な処遇を行うことは少ない。日本の４大法律事務所の場合、弁護士初年度の年収が 1,000 万円を超えることが一般的であり、製造業の社員と比較すると、給与水準が同年代の社員の倍ということもある。したがって、大手法律事務所出身者の採用は、給与水準の高い一部の企業に限られることが多く、一般の企業にとっては、中堅以下の法律事務所出身者がターゲットになるケースが多い。また、司法修習終了後に法律事務所を経由せず、直接企業に就職するケースも増えている。弁護士を採用する最大のメリットは、法律をしっかり学んでいることと、一定レベルの事務処理能力があることが証明されていることにあり、4年制大学卒業者と比べると戦力として活躍し始める時期が早いことに特徴がある。特に法律事務所経験者はこの傾向が強く、入社直後の早い時期から即戦力として活躍する人材が多い。

③　キャリア形成

法務部門に配属後は、専門職として主に法務部門内でのキャリアを積むケースとゼネラリストとしてさまざまな部門でキャリアを積むケースがあり、これらは、各社の人事部門が設定している人材ローテーションを含む人事戦略に大きな影響を受けている。一般的な傾向を見ると、ゼネラリスト型を採用している企業の法務部門は、本人希望とのミスマッチが起きる可能性があることから、専門職希望者が多い弁護士資格保有者を採用することに消極的で、法務担当者の大部分を新卒の4年制大学出身者で占めることが多く、法務担当者は、数年で他部門へ異動していく。逆に専門職型を採用している企業は、新卒採用ではなく、キャリア採用として弁護士資格保有者や他社経験者を採用することが多い。また、専門職型であっても、将来は、法務部門へ戻ることを前提として、一定の期間、他部門でキャリアを積ませるケースもあり、多様な経験を積むことができることから、このような仕組みを導入する企業も増えている。

法務部門の人材戦略として、海外のロースクールへの留学制度を運用している企業もある。この制度は、キャリアアップを考える法務担当者にとって魅力的な制度であるが、留学後の定着率の問題があり賛否が分かれている。最近の法務人材マーケットでは、海外弁護士資格を持つ人材も増えており、海外事案への対応力強化を考えている企業は、海外弁護士資格保有者の採用を優先的に考えたほうが有利なことが多い。

④　人材戦略の多様化

現在、キャリア採用を積極的に行う企業が増加していることから、法務人材マーケットが非常に充実しており、法務部門の採用活動については、従来の新卒主体の採用からキャリア採用主体の採用へ転換していく時期にあると考えられる。キャリア採用は、必要な能力を持つ人材を必要な時期に採用できるというメリットがあり、法務部門の人材戦略に機動性を持たせることができる。この流れを逆の側面から見ると、人材流出のリスクが大きくなっており、これからの法務部門は、人材が外部へ流出していくことを前提として、人材戦略を構築しなければならない。

別な側面としては、組織の多様性という側面も検討しなければならない。日本の弁護士資格保有者は限られることから、日系企業の法務担当者がすべて弁護士資格保有者とはならず、4年制大学卒業の法務担当者、ロースクール卒業の法務担当者（非資格保有者）とのバランスを考えながら採用活動を行う必要がある。特に大規模な法務部門においては、多様な採用ルートの確保が課題となっており、人事部や人材エージェントと連携しながら、新卒採用、キャリア採用双方のチャネルを確保し、司法修習生向けの就職イベントや人材エージェントの採用イベント等を活用しながら採用活動を行っている。

採用活動に当たっては、応募者の母数を確保することが重要となるため、企業に興味を持ってもらうきっかけとして、多くの人材が集まるイベントを活用することが望ましい。また、知名度が低い企業の法務部門では、法務部門長がセミナーやイベントに出演し、また法律雑誌等に記事を投稿することで、採用活動がプラスに働くことが多く、法務部門長が率先して企業の認知度を上げる取組みが求められる。最終的には、いかにして人材エージェントとの協力関係を築くか、また企業の認知度を上げていくかが、採用活動の成功へ向けた重要なポイントとなる。

法務業務は意思決定において多様な考え方が求められることから、法務部門においても組織の男女構成比率等のダイバーシティに配慮する必要がある。理想としては、男女構成比が対等になることが望ましい。さらに、組織の年齢構成についても検討を行う必要がある。法務担当者が特定の年齢に偏ることを避け、幅広い年代の人材を雇用することが望ましい。特に中規模以下の法務部門は、人材の流動性が乏しいことが多いため、年齢構成に十分配慮する必要がある。いずれにしても、今後、法務部門を強化していくためには、人材の多様性の確保が求められる。

⑤　能力評価と教育機会の提供

法務担当者として人材を採用した後、人材を成長させるためには、業務処理能力を定期的に確認し、その推移を見守ることが求められる。法務担当者それぞれの将来へ向けた成長プランを検討する上でも、能力評価は重要で、まずは能力評価を行うための基準を作成しなければならない。法務担当者の能力評価基準としては、業務に関連する法律知識と実務処理能力のそれぞれで基準を作成することが一般的であり、人事評価のサイクルに合わせて定期的に各法務担当者の能力を確認することが望ましい。また、能力評価と合わせて、外部研修等の受講記録を確認することも忘れてはならない。それぞれの法務担当社が将来成長していくかどうかは、各個人の生まれ持った能力と努力による部分が大きいと考えられるが、法務部門としては、法務担当者が成長するための機会を公平に提供する義務があるといえる。法務担当者に成長のための機会を適切に与えているかどうかを判断する上で、外部研修等の受講記録は重要な指標で、定期的にチェックを行う必要がある。教育の機会を公平に与え、機会を活かすかどうかは各法務担当者の自己責任に委ねることが、法務部門の健全な人材育成手法であるといえる。

⑥　将来へ向けた人材戦略

法務部門は、生産部門と違って製造設備を持たず、組織の生産性や品質を左右する要因は人材そのものであるため、人材戦略こそが法務部門の未来を左右する要因であるといっても過言ではない。法務担当者の採用、育成それぞれのプロセスで緻密な戦略の策定が求められており、特に採用については、コストと労力をより一層かけていかなければならない。特に、多様な採用リソースを確保するため、エージェントとの関係を強化していくことが求められている。

人材資源が限られていることから、現在のところインハウスロイヤーの採用は年々過熱しており、大手法律事務所を中心とした著名な法律事務所出身の弁護士は、商社、金融機関、IT系、外資系企業といった高額報酬を提供できる企業を選択することが日常化している。したがって、一般企業は、しっかりとした採用戦略を定めて相当なコストをかけなければ、能力の高いインハウスロイヤーを採用できない時代となっており、私自身は、中小規模の法律事務所出身の弁護士、東京以外の法律事務所出身の弁護士、若手弁護士にターゲットを絞り、弁護士自身の個性と潜在的な能力に注目し、エージェントから積極的に人材情報を収集して採用活動を行っている。

また、1人のインハウスロイヤーを採用するまで、6ヶ月以上の時間がかかることも多いため、採用予定がない時期においても、継続して人材情報を収集することを心掛けている。さらに、採用内定後のオファー面談についても、時間をかけてさまざまな工夫をしながらオファーを行っている。

2008年頃から現在まで、18名のインハウスロイヤーを採用してきたが、良い人材を確保するためには、相当なコストをかける必要があることを実感している。まずは、自社の求める人材スペックを明確に定義し、ターゲットを絞り、エージェントとの関係を深めていかなければならない。

＜能力評価基準の事例　知識評価＞

分類		項目	知識の内容	
				ジュニア（1点）
知識	法律知識	基本法	民法・商法	・概要を理解している ・議論が理解できる
		法律相談関連	競争法	・概要を理解している ・議論が理解できる
			下請法	・概要を理解している ・議論が理解できる
			会社法	・概要を理解している ・議論が理解できる
			民事訴訟法	・概要を理解している ・議論が理解できる
	実務知識	契約実務	【国内】 PL、知財、印紙、税・会計（決済）、不競法、各種ガイドライン	・契約との関連性を理解している ・概要を理解している ・議論が理解できる
			【国際】 CISG、英米契約法、Incoterms、輸出入、仲裁機関	・契約との関連性を理解している ・概要を理解している ・議論が理解できる
		手続実務	組織再編（M&A）	・概要を理解している ・議論が理解できる
			債権回収	・概要を理解している ・議論が理解できる
			紛争解決	・概要を理解している ・議論が理解できる

評価指標	
ミドル（3点）	アドバンスト（5点）
・議論ができる ・案件の法的評価（論点整理）ができる ・わかりやすく説明できる ・知識を業務に活用できる	・網羅的に理解している ・判例を含めて理解している ・指導できる ・スキームを提案できる
・議論ができる ・案件の法的評価（論点整理）ができる ・わかりやすく説明できる ・知識を業務に活用できる	・網羅的に理解している ・身近な判例を含めて理解している ・指導できる ・スキームを提案できる
・議論ができる ・案件の法的評価（論点整理）ができる ・わかりやすく説明できる ・知識を業務に活用できる	・網羅的に理解している ・身近な判例を含めて理解している ・指導できる ・スキームを提案できる
・議論ができる ・案件の法的評価（論点整理）ができる ・わかりやすく説明できる ・知識を業務に活用できる	・網羅的に理解している ・身近な判例を含めて理解している ・指導できる ・スキームを提案できる
・議論ができる ・案件の法的評価（論点整理）ができる ・わかりやすく説明できる ・知識を業務に活用できる	・網羅的に理解している ・身近な判例を含めて理解している ・指導できる ・スキームを提案できる
・議論ができる ・案件の法的評価（論点整理）ができる ・わかりやすく説明できる ・知識を業務に活用できる ・問題点・リスクを指摘できる	・網羅的に理解している ・指導できる ・スキームを提案できる
・議論ができる ・案件の法的評価（論点整理）ができる ・わかりやすく説明できる ・知識を業務に活用できる ・問題点・リスクを指摘できる	・網羅的に理解している ・指導できる ・スキームを提案できる
・議論ができる ・案件の法的評価（論点整理）ができる ・手続きをわかりやすく説明できる ・問題点・リスクを指摘できる ・上司のサポートを得て実務をこなせる	・主体的に実務をこなせる ・スキームを提案できる ・弁護士を活用して解決策を提案できる ・指導できる
・議論ができる ・案件の法的評価（論点整理）ができる ・手続きをわかりやすく説明できる ・問題点・リスクを指摘できる ・上司のサポートを得て実務をこなせる	・主体的に実務をこなせる ・スキームを提案できる ・弁護士を活用して解決策を提案できる ・指導できる
・議論ができる ・案件の法的評価（論点整理）ができる ・手続きをわかりやすく説明できる ・問題点・リスクを指摘できる ・上司のサポートを得て実務をこなせる	・主体的に実務をこなせる ・スキームを提案できる ・弁護士を活用して解決策を提案できる ・指導できる

＜能力評価基準の事例　実務能力評価＞

分類	項目	能力の内容	
			ジュニア（1点）
実務能力	企画力	業務遂行計画を策定する能力	・自分自身の業務計画を策定できる ・優先順位をつけて計画を作成できる
	対人関係構築力	相手と協力して業務を遂行する能力	・自部門の担当者や管理職と協調して業務を遂行できる ・初対面の人ともコミュニケーションをとれる
	マネジメント能力	管理能力（予算・スケジュール・人事）、人材育成能力	・担当する業務の処理計画を作成・管理できる ・納期を意識し、遅れそうなときは上司に相談できる
	語学力	英語または中国語の能力	・外国語の契約書をレビューできる ・辞書を使って外国語の文書を理解できる ・辞書を使って簡単な外国語の契約書の修正ドラフトを作成できる
	理解力（方針・案件）	部門方針や案件の理解力	・部門方針を理解できる ・案件の概要を正しく理解できる
	事務処理能力	担当案件を処理する能力	・担当する案件を正確に処理できる ・疑問点について適切に確認できる
	交渉力	自分の見解を伝えるとともに相手の見解との調整を行う能力	・自分の見解を正確に伝えることができる ・適切な理由・事例を使って自分の意見を主張できる
	判断力	法的な正しさと実務のバランスが取れた判断を行う能力	・法的に正しい判断ができる ・事実や情報に基づいて自分なりの結論を導ける
	表現力／文章力	・プレゼンテーションを行う能力 ・契約文書や対外的な文書を作成する能力	・上司に対して適切なプレゼンテーションができる ・契約書雛形を使って標準的な契約書を作成できる ・自分の考えや意図を表現できる
	情報収集力	案件に関連する情報を収集する能力	・案件処理に必要な最低限の範囲で情報を収集できる

評価指標	
ミドル（3点）	アドバンスト（5点）
・業務課題を発見し解決するための計画を策定できる ・合理的な手順・段取りを策定できる ・実行可能な目標レベルを設定できる	・プロジェクトの運営計画を策定できる ・他部門への影響を踏まえた計画を策定できる
・他部門の担当者と協調して業務を遂行できる ・社内に相談できるネットワークをもっている	・他部門の管理職と協調して業務を遂行できる ・中心的役割を率先して引き受け、チームに貢献できる
・品質・納期・コストのバランスが取れた業務計画を作成・管理できる ・主体的に納期・計画を管理できる	・業務計画の作成・管理に加えて他のスタッフを指導できる ・突発的な仕事に対しても業務を調整し、柔軟に対応できる ・臨機応変に計画を軌道修正できる
・高度な外国語の契約書をレビューできる ・辞書を使って外国語の契約書の修正ドラフトを作成できる ・ローカルスタッフと外国語での通信ができる	・外国語でプレゼンができる ・外国語でゼロから契約書・資料等を作成できる ・外国語での会議で議論できる
・部門方針を自分の業務に反映している	・部門方針をどのように業務へ反映するか指導できる ・物事の背後にある意味・本質を理解できる
・担当する案件を正確かつ迅速に処理できる ・重要度と緊急度に応じて優先順位をつけられる ・雛形などを活用して効率的に処理できる	・事務処理に加えて常に業務改善を実行している ・費用対効果を意識して案件を処理できる
・交渉に参加し意見を具申できる ・対立する意見にも誠意をもって対応できる ・交渉の論点を整理できる	・担当案件について法務部を代表して交渉できる ・代替案を用意したうえで、戦略的に交渉できる ・新たな価値（交渉カード）を創出し、Win-Winの結果を導ける（デッドロックを回避できる） ・落とし所を提案できる
・法的な観点だけではなく実務を考慮した判断ができる ・迅速に適切な結論を導ける	・関係者が納得するバランスの取れた判断ができる ・必要なときにタイミングよく判断できる
・部内の会議で適切なプレゼンテーションができる ・契約書雛形の無い分野の契約書を作成できる ・論点を整理して、理路整然と話せる	・部外の会議で適切なプレゼンテーションができる ・相当に複雑な契約書や役員への報告書を作成できる ・目的に応じて適切・簡潔な文脈で自分の考えを表現できる
・案件処理に必要な情報を網羅的に収集できる ・文章や資料から、主旨・重要なデータを素早く読み取れる ・信憑性の高い情報の取捨選別ができる	・新たな問題点の発見につながる重要な情報を収集できる ・文章や会話から要点を的確に把握できる ・他部門から情報を入手するための人脈がある

⑮ 弁護士との関係

① 弁護士との関係

伝統的に日系企業は、顧問弁護士と呼ばれる特定の弁護士と顧問契約を締結し、弁護士費用を月額で固定して、日常的な法律相談を行ってきた。昨今、法務部門の案件処理レベルが向上すると、日常的な法律相談は社内で内製化され、会社法、労働法、競争法といった専門的な法領域に対して専門知識を持つ弁護士にタイムチャージベースで案件を依頼するケースが増加している。先進的な企業の法務部門や大企業の法務部門では、顧問弁護士という制度が姿を消しつつあると言ってよい。ただし、発展途上の法務部門、スタートアップ企業、中小企業、弁護士の絶対数が少ない地方都市では、顧問弁護士を起用することにメリットがあり、大企業でも、地方都市に一定数の案件がある場合や経営者のコンサルタント役として顧問弁護士制度を活用しているケースがある。

② 委託する業務の区分

私個人としては、法務部門の案件処理レベル向上を理由として、顧問弁護士制度に否定的な見解を持っており、法律事務所への委託内容を、一般法律相談、専門法律相談、業務委託に区別している。一般法律相談は、法務部門で処理される日常的な法理問題に対して、他社動向を確認したい場合に実施している。例えば、新型コロナウイルスに関連するオフィス賃料減額交渉について、世間一般の動向や不動産業界の動き等を確認したい場合等に実施する。原則として、タイムチャージベースでの支払いを予定している。専門法律相談は、特定領域の法律問題について、最新動向や詳細情報を確認したい場合や、訴訟等の紛争案件が発生した場合に実施している。訴訟案件については、簡易裁判所案件や労働審判は社内弁護士で対応できるが、地裁レベル以上の訴訟案件は、日々実務をこなし訴訟実務に精通している弁護士に委託することが望ましい。原則として、タイムチャージベースでの支払いを予定しているが、訴訟については、案件の難易度に応じて上限キャップを付けて委託するケースが多い。業務委託については、M&Aのデューデリジェンス、法令リサーチ、一定量の契約審査等、法務部門で発生する作業系の業務を外注するもので、予算を設定して固定金額で委託するケースが多い。

最近の傾向としては、特定の法領域について、世界各国の法令を調べるというケースが増加している。例えば、世界各国の個人情報保護法や反贈収賄関係法を調べるといったケースが該当する。このようなリサーチ案件は、個別に各国法律事務所へ照会を行うと高コストになるケースがあり、多彩なコネクションを持つ特定の法律事務所をハブとしてリサーチを委託したほうが、ディスカウントが効いて有利なケースが多い。

③　弁護士情報の収集

特に専門法律相談を委託する弁護士は、その分野で影響力のある弁護士を選択する必要があり、法律雑誌への記事の投稿者名、書籍の著者名、判決の代理人情報、他社法務部門長からの口コミ情報等を日常的に取集しながら候補者を選定しておく必要がある。最近は、弁護士と企業法務部門とのマッチングサービスを提供するベンダーもあり、これを利用することも考えられる。少なくとも、法務部門が高いレベルで法務サービスを提供するためには、会社法、労働法、競争法、個人情報保護法、会社事業が関係する業法、不正調査等の高い専門性が求められる分野について、高いレベルで相談できる弁護士と人脈を構築しておくことが求められる。

④　海外案件の考え方

海外の法務案件については、各国の法律事務所に委託することが原則である。日本と同様に専門分野や得意分野が分かれており、主要なビジネス展開国においては、委託先候補リストを作成しておくことが望ましい。最近、日本では外資系法律事務所のオフィスが増加しており、日本のオフィスをハブとして海外各国の法律問題を委託できるため、日本の法務部門でグローバル案件をコントロールする際に重宝している。

海外の法務案件は、基本的に海外の法律事務所に委託することになるが、日本と海外のそれぞれをまたぐ法務案件が発生した場合、日系法律事務所をハブとして対応するケースと、ハブを設定せずに各国の法律事務所それぞれに委託して対応するケースが想定される。それぞれ一長一短があり、一概にどちらが有利であるとは言えないが、私自身は、日系法律事務所をハブとして起用するケースが多い。なぜなら、日系企業の場合、関係者や意思決定者が日本人であることが多く、日本語を使って、日本人的な発想で解決策を探る必要があり、日系法律事務所をハブとして活用するメリットは大きいと考えられる。実際に欧米企業でも、自国の法律事務所をハブとして使うケースが多い。

特に英米法の案件は、法律を含めた文化的な差が大きく、時差も厳しいことから、日系法律事務所をハブとして起用するメリットが大きい。また、競争調査や贈収賄調査等の外国当局がからむ大型調査案件で、タイムリーかつセンシティブな意思決定が求められる案件についても、アドバイザーとして日系法律事務所を起用するメリットは大きい。

昨今、東南アジアや東アジアを中心としたアジア圏にオフィスを開設する日系法律事務所が増加している。中国では、ほぼすべての大手法律事務所がオフィスを開設しており、シンガポール、ベトナム、インドネシア、タイ、ミャンマー等でオフィスを開設している法律事務所も多い。これらの国々では、近年多くの日系企業が進出しているが、現地法律事務所とのネットワークを構築できる企業は限られており、現地子会社の経営幹部が日本人であることも多いことから、法務案件が発生した場合、日系法律事務所の現地オフィスを活用するケースが増加している。結局のところ、企業の語学レベル、組織風土、人事政策といったものが大きく影響して、案件処理に最適な法律事務所を決めるといってよい。基本的な考え方として、日本人は、日系法律事務所を優先的に使うという発想が自然な発想かもしれない。

⑤　弁護士との連携関係

弁護士との連携関係については、明確な方針を文書で定めている法務部門もある。法務案件を適切に処理するためには、弁護士等の有識者との連携が必須であり、多くの法務担当者が日常的に弁護士等と接することから、連携方針を定めておくことは有益である。また、評価方法を定め、定期的なパフォーマンス評価を実施することも重要であると考えられる。

法律事務所の評価指標としては、コスト、スピード、品質、サービス提供分野、ネットワーク等を設定し、３～５段階で評価を行うケースが多い。また、弁護士個人のパフォーマンス評価を実施するケースもある。この場合の評価指標としては、コスト、スピード、品質、専門性、人脈等を指標として設定することが想定される。

<社外弁護士との連携方針　事例>

・連携の目的
特定分野における専門的な意見の聴取、最新の実務動向の把握、国内外における訴訟活動の委託を目的として、社外弁護士と連携関係を構築する。
・連携における基本的な考え方
①社外弁護士をはじめとした有識者とのネットワークを平素から構築する。
②各法律分野における有力な社外弁護士との関係を深める。
③コストを加味した総合的なサービス、専門性を重視したサービスの両方の観点から、事案に応じて最適な社外弁護士を選定する。
④社外弁護士とは、良好かつ緊張感のある関係を維持する。
⑤法務部門としての意思決定に当たっては、社外弁護士の専門的な能力を充分に活用する。ただし、最終的な判断と意思決定は法務部門が行う。

⑯　外部業者との関係

①　デジタルフォレンジックベンダーとの関係

法務部門は、法律事務所の他、さまざまな外部業者と関係を持つ。企業活動の国際化により、海外における法務案件が増加していることから、eディスカバリーベンダーやデジタルフォレンジック調査ベンダーとの連携関係を構築することが重要な課題となっている。ディスカバリー制度がある英米法の国で訴訟案件が発生した場合や競争法等の当局調査に対応する場合、eディスカバリー対応を行う必要があるため、法務部門がeディスカバリーベンダーと連携しながら作業を行う必要がある。ベンダー選定について、訴訟案件等の経験が少ない法務部門は、現地法律事務所の勧める現地ｅディスカバリーベンダーをそのまま起用するケースが多いが、日本語の文書データが多い場合、現地に任せるとコストが高くなることが多いため注意が必要である。

②　ｅディスカバリー

ｅディスカバリーは、一般的に、まず対象となるデータを特定してから、データプリザベーション・コレクション（データ保全・収集）、データプロセッシング（データ処理）、データホスティング（データ保存）、ドキュメントレビュー、プロダクション（作成）、プレゼンテーション（提出）という作業が予定されており、これらに付随して各種のコンサルティングサービスをベンダーから受ける。

ベンダーによって、それぞれの費用体系が異なっており、データコレクションとデータプロセッシングは安いが、データホスティングが高いベンダー、ドキュメントレビュー以外のコストは安いが、ドキュメントレビュー自体のコストが高いベンダー等、さまざまなコストバリエーションがあり、ｅディスカバリーのプロセス全体を見据えてコストを検討しなければ、正確なコスト評価を行うことはできない。長期的な視点で見ると、ドキュメントレビューとデータホスティングのコストが最もかさむことから、この２つのコストをいかに抑えていくかがコスト削減のポイントとなる。コストを下げるためには競争が必要であり、法律事務所が推奨するベンダーだけではなく、必ず複数のベンダーから相見積りを取得して比較検討を行う必要がある。日本語の文書データが多い場合、ドキュメントレビューとデータホスティングのコストは、日系ベンダーを利用したほうが安いケースが多く、米国訴訟において日系ベンダーを選択するケースも多い。私自身ベンダーによる品質の差は、正直あまり感じたことはなく、一方でサービスの差は非常に大きいと感じる。コストが安くても対応スピードが遅く、サービス自体に問題があるベンダーもあり、実務を数回経験しないと良いベンダーを選択することは非常に難しい。いずれにしても、平常時からベンダーと積極的にコミュニケーションを取り、相見積りをすぐに取得できる関係を構築しておくことが重要で、最新情報を入手するため、他社の法務関係者と情報交換を行うことも重要である。

③ デジタルフォレンジック調査

デジタルフォレンジック調査は、不正調査で利用するケースが多い。多くのｅディスカバリーベンダーがデジタルフォレンジック調査サービスを提供しており、その他、監査法人系のベンダーも多い。監査法人系のベンダーは、法律事務所が推奨することも多く、安心感がある一方で高コストとなるケースが多く、その起用に当たっては、ｅディスカバリーと同様に相見積りを取得してコスト比較を行うことが必須である。デジタルフォレンジック調査も、大手ベンダーであれば、正直なところ品質の差をあまり感じたことはなく、コスト、サービス、弁護士との相性が起用の決め手になることが多い。

④ その他の業者との連携関係

保険会社や保険代理店との連携関係についても、日ごろから意識的に構築しておく必要がある。D&O、M&A、PL、情報漏洩等、法務部門が関与する多くの案件で保険の知識を必要とし、実際に保険請求を行うケースも多く、保険について気軽にアドバイスを受ける関係を構築しておきたい。また、海外で訴訟案件や当局調査案件が発生すると、必ず翻訳業者を起用して、大量の日本語文書を外国語に翻訳する作業が必要となり、翻訳費用が高額になることから、使用頻度の高い英語と中国語の翻訳業者との連携関係を構築しておく必要がある。英語であれば、品質がそこそこで、一文字当たり20円以下で依頼できる翻訳業者と日ごろから取引関係を構築しておくことが望ましい。

いずれにしても、来るべき有事に備えて、日常的に外部業者からのアプローチを断らず、定期的に外部業者とコミュニケーションをとって最新の情報を交換しつつ、可能であれば小さい案件を依頼しながら外部業者と良好な関係を構築していくことが重要である。

⑰ ナレッジ管理

① ナレッジの定義

法務部門のナレッジ管理については、まず何をナレッジとして定義し、どのような手段で管理していくかを検討しなければならない。代表的なナレッジとしては、審査済の契約書ドラフトとその関係資料、法律相談回答書とその関係資料、弁護士等の外部専門家からの意見書、M&Aや大型取引契約に関連する資料、法務担当者教育資料、社外セミナー資料、社内研修資料等がある。従来、法務部門は、これらのデータを紙の資料としてファイリングすることにより管理を行ってきたが、最近はすべてが電子データとなっていることから、電子データとして保存することが一般的となっている。

② ナレッジ管理の手法

ナレッジ管理の手法としては、ナレッジ管理用のデータベースを構築してデータを保管する場所を指定し、そこに法務担当者がデータをアップロードするケースが多い。法務担当者がデータをアップロードする際の基準として、すべてのデータを対象とする設定と一定の領域を指定して対象とする設定がある。すべてのデータを対象とする場合は、データが膨大になることから検索性が課題となり、一定の領域を指定する場合は、領域を定義すること自体が難しく、法務部門内で基準が統一されないという課題がある。実際のところ、一定の領域を正確に指定して、すべての法務担当者の運用基準を統一化することは難しい。例えば、重要な案件という領域を指定するケースが多いが、重要性の基準は、法務担当者の主観に左右されることが多く、運用が不安定になってしまうリスクがある。また、法務担当者がアップロードを忘れるというケースも散見される。したがって、すべてのデータをナレッジ管理の対象としてデータベースに蓄積し、検索に工夫を加えることが理想的な解決策といえる。さらにデータの蓄積が進むと、ナレッジの陳腐化を考えてどこまでデータを蓄積していくかが課題となり、データの蓄積は止められないことから、データの棚卸作業を行うか、フラグ機能を活用してデータを区分するか、何もせず検索で対処するかといった判断を求められる。基本的には、データ検索を工夫することで対応することが現実的であるといえる。

③ ファイル名の記載方法

データ検索を容易にするためには、データのファイル名の記載方法を統一化することが重要で、一定のファイル名記載ルールを設定して周知することが重要である。ファイル名の記載方法は、領域設定の基準と異なり、解釈の余地が少ないため、運用することは容易である。

＜データファイル名の記載方法　事例＞

- 契約書ドラフトデータ
  ファイル名は、「当社側当事者_相手方当事者_契約書カテゴリー_作成日付」とする。なお、当事者が複数いる場合、すべての当事者をファイル名に記載する。
  （例）「○○社_○○社_取引基本契約書_2018.1.29」
- 法律相談回答書データ
  ファイル名は、「法律相談カテゴリー_依頼部門_担当者名_作成日付」とする。
  （例）「M&A_○○事業本部_佐々木_2018.1.29」
- 外部専門家意見書データ
  ファイル名は、「法律相談カテゴリー_依頼部門_法律事務所名_作成日付」とする。
  （例）「M&A_○○事業本部_○○法律事務所_2018.1.29」

④　ナレッジ管理の理想像

契約書ドラフトデータや法律相談回答書データは、案件依頼から回答までのフローを管理する案件管理システムやサービスを導入すれば、案件管理データベースに登録されたデータを使って、ナレッジ管理が可能となるため、契約審査や法律相談の処理フローをシステム化するメリットは大きい。何よりも法務担当者がナレッジ管理用のデータベースにデータをアップロードする手間がなくなるため、法務担当者のデータアップロード漏れがなくなり、案件処理自体も効率化される。また、契約書ドラフトや法律相談回答書だけではなく、関係する資料データを紐づけて案件管理データベースへ登録すると、データベースに蓄積されるナレッジが質量ともに充実する。もう一歩進んで、法律相談の処理フローをシステム化すると、依頼が多い法律相談については、依頼内容を分析して、あらかじめ回答雛形を準備しておくことが可能で、スピードと生産性の向上とともに、品質の安定性にも貢献する。また、簡易かつ頻出する法律相談については、チャットボットを活用することにより、リアルタイムの回答を実現することができる。

⑱　コンプライアンス

①　リスクアセスメント

コンプライアンスを推進するためには、最初のステップとしてリスクアセスメントを実施し、それぞれのグループ会社が個別に抱えるコンプライアスリスクを分析する必要がある。世の中に法令は多数存在しており、すべての法令に高いレベルで対応していくことは難しく、リスクアセスメントを実施することによって、それぞれ会社がビジネスを遂行する上でどの法令を重視していくかを判断する必要がある。例えば、販売会社であれば競争法や反贈収賄関連法が大きなリスクになっているケースが多く、製造会社であれば、労働法、安全衛生関連法、環境法が大きなリスクになっているケースが多い。

リスクアセスメントの実施に当たり、それぞれのグループ会社ごとに、適用される主要な法令とそのリスク評価結果をリスト化することが望ましい。また、リスク評価については、発生頻度と影響度を軸として、評価を行うことが一般的であり、発生頻度については、法規制の有無、社会環境、事業環境、人員規模等が主な構成要因で、影響度については、法令違反に対する制裁、売上規模、顧客への影響等が主な構成要素となる。

② 管理すべき領域の設定

リスクアセスメントの終了後、リスク評価結果をベースとして、コンプライアンスリスクとして管理すべき領域を設定し、コンプライアンス推進活動を実施していく。多くの企業では、管理機能の細分化が進んでいるため、コンプライアンス推進活動の全体をコーディネートする役割を持つ部門と、それぞれの領域ごとにコンプライアンス推進活動を実行する部門をそれぞれ設定する必要がある。例えば、コンプライアンス推進活動について、労働法の領域は人事部門が担当し、競争法の領域は法務部門が担当することが一般的であり、コンプライアンス推進をコーディネートする部門が、全体の推進活動を調整していく。リスクアセスメントについては、統一的な目線でリスク評価を行う必要があるため、コンプライアンス推進をコーディネートする部門が定期的に実施していくことが望ましい。

コンプライアンスリスクを管理する領域の分け方については、どのレベルで領域を分けていくかが課題となることが多く、ISO26000（社会的責任）のフレームワークが参考となる。ISO26000では、人権、労働慣行、環境、公正な事業慣行、消費者課題、コミュニティ参画および開発が7つの中核主題として設定されており、さらにそれぞれの中核主題が細分化されている。これらの中核主題は、それぞれ企業活動において意識すべき必要不可欠な要素であり、コンプライアンスとの親和性も高い。もともとCSRとコンプライアンスは、密接不可分の関係にあることから、ISO26000をベースにコンプライアンスを組み立てるここ

<製造会社（日本）のリスクアセスメント　事例>

小分類	関係法令名	リスクアセスメント指標（発生頻度）			
		法規制の有無	外部指標（社会環境）	内部指標（事業環境）	内部指標（人員規模）
評価指標		法規制の有無（有2・立法中1・無0）	摘発リスク（大2・小1・無0）	営業部門の有無（有2・無1）	人員規模（2：500人以上 1：500人未満）
贈収賄リスク	・不正競争防止法 ・政治資金規正法	2	1	1	2
評価指標		法規制の有無（有2・立法中1・無0）	摘発リスク（大2・小1・無0）	営業部門の有無（有2・無1）	人員規模（2：500人以上 1：500人未満）
競争法違反リスク	・私的独占の禁止及び公正取引の確保に関する法律	2	1	1	2
評価指標		法規制の有無（有2・立法中1・無0）	摘発リスク（大2・小1・無0）	国際規格取得の有無（有1・無2）	人員規模（2：500人以上 1：500人未満）
環境リスク	・環境基本法 ・大気汚染防止法 ・水質汚濁防止法 ・廃棄物処理法 ・条例 ・環境教育推進法	2	2	1	2
評価指標		法規制の有無（有2・立法中1・無0）	摘発リスク（大2・小1・無0）	労働組合の有無（有1・無2）	人員規模（2：500人以上 1：500人未満）
労働法違反リスク	・労働基準法 ・育児・介護休業法 ・労働安全衛生法 ・労働者派遣法 ・労働組合法 ・障害者雇用促進法 ・最低賃金法 ・高年齢者雇用安定法	2	2	2	2
評価指標		法規制の有無（有2・立法中1・無0）	社会情勢リスク（大2・小1・無0）	労働組合の有無（有1・無2）	人員規模（2：500人以上 1：500人未満）
差別・人権侵害リスク	・男女雇用機会均等法	2	1	2	2

		リスクアセスメント指標（影響度）						合計
調整	小計	外部指標（罰金・制裁金）	外部指標（刑事罰）	内部指標（売上規模）	内部指標（顧客への影響）	調整	小計	
調整（-20〜20）	小計	罰金・制裁金の大きさ（大2・小1・無0）	刑事罰の有無（有2・無0）	売上規模（2:100億円以上 1:100億円未満）	顧客への影響（大2・小1・無0）	調整（-20〜20）	小計	合計
-20	40	1	2	2	1	0	60	100
調整（-20〜20）	小計	罰金・制裁金の大きさ（大2・小1・無0）	刑事罰の有無（有2・無0）	売上規模（2:100億円以上 1:100億円未満）	顧客への影響（大2・小1・無0）	調整（-20〜20）	小計	合計
-20	40	1	2	2	1	0	60	100
調整（-20〜20）	小計	罰金・制裁金の大きさ（大2・小1・無0）	刑事罰の有無（有2・無0）	売上規模（2:100億円以上 1:100億円未満）	顧客への影響（大2・小1・無0）	調整（-20〜20）	小計	合計
0	70	2	2	2	2	20	100	170
調整（-20〜20）	小計	罰金・制裁金の大きさ（大2・小1・無0）	刑事罰の有無（有2・無0）	売上規模（2:100億円以上 1:100億円未満）	顧客への影響（大2・小1・無0）	調整（-20〜20）	小計	合計
20	100	1	2	2	2	0	70	170
調整（-20〜20）	小計	罰金・制裁金の大きさ（大2・小1・無0）	刑事罰の有無（有2・無0）	売上規模（2:100億円以上 1:100億円未満）	顧客への影響（大2・小1・無0）	調整（-20〜20）	小計	合計
20	90	1	2	2	2	0	70	160

とは自然な流れであるといえ、むしろ企業の社会的責任という視点からコンプライアンスを考えることが望ましい。

なお、リスクアセスメントについては、コンプライアンスリスクとして管理すべき領域を設定してからリスクアセスメントを実施する手法もあり、最初に領域を設定しておいたほうが対象領域を絞ることが可能で、作業量が少なくなるというメリットがある。

＜ISO26000　7つの中核主題＞

組織統治	意思決定プロセス及び構造
人権	デュー・ディリジェンス
	人権リスク状況
	加担の回避
	差別及び社会的弱者
	市民的及び政治的権利
	経済的、社会的及び文化的権利
	労働における基本的権利
労働慣行	雇用及び雇用関係
	労働条件及び社会的保護
	社会的対話
	労働における安全衛生
	職場における人材育成及び訓練
環境	汚染の予防
	持続可能な資源の使用
	気候変動の緩和及び適応
	自然環境の保護及び回復
公正な事業慣行	汚職防止
	責任ある政治的関与
	公正な競争
	影響範囲における社会的責任の推進
	財産権の尊重

消費者課題	公正なマーケティング、情報及び契約慣行
	消費者の健康及び安全の保護
	持続可能な消費
	消費者サービス、支援及び紛争解決
	消費者データ保護及びプライバシー
	不可欠なサービスへのアクセス
	教育及び認識
コミュニティ参画及び開発	コミュニティ参画
	教育及び文化
	雇用創出及び技能開発
	技術開発
	富及び所得
	健康
	社会投資

③ コンプライアンス推進活動

コンプライアンスリスクを管理する領域が区分された後、それぞれの領域を担当する部門がコンプライアンス推進活動を実行していく。企業グループ全体のコンプライアンス推進活動を正確にチェックしていくためには、グループ会社ごとに、コンプライアンス推進体制や推進組織を確認し、それぞれの領域ごとに、関係する規定の整備状況、教育の実施状況、モニタリングシステムの運用状況を確認していくことが求められる。

コンプライアンス推進体制や推進組織については、グループ会社の規模に応じて、コンプライアンス委員会、推進組織、推進担当者といったコンプライアンス推進基盤の設置を検討する必要がある。規模の大きい会社は、それぞれ３つの組織基盤を整備すべきで、逆に規模の小さい会社は、推進者の設置のみで十分であり、特に小規模会社の推進担当者は、他業務との兼務で担当することが現実的である。グループ会社のコンプライアンス推進担当者は、本社のコンプライアンス推進部門と連携を取りながら、各社ごとのコンプライアンスを推進していく。企業グループ全体のコンプライアンス推進活動は、本社の活動だけでは十分な成果を出すことはできず、必ずグループ会社を巻き込み、グループ会社にコンプライアンス推進機能を持たせて自主的な運用を行う必要がある。これができなければ、コンプライアンス強化という経営者の掛け声だけで終わってしまうであろう。

関係する規定の整備状況については、グループ会社ごとに、領域区分に従って、どのような規定が整備されているかを確認する必要がある。会社によっては、グループ規定として全グループ会社共通の規定を制定しているケースもあるが、もしそのような規定が制定されている場合は、現地言語化されていないと規定の有効性や実効性が疑われるため、注意が必要である。規定やルールの作成は、コンプライアンスを推進する上で基本となる作業であり、法令の改正に伴って改定作業が必要となるため、改訂履歴についても定期的にチェックを行わなければならない。

規定の上位概念として、ほとんどの企業は、経営理念や行動規範を定めている。ただし、これらがどの程度社内で周知されているかは会社によって異なり、立派な行動規範が制定されていても全く周知されておらず、また、周知はされていても社員が内容を理解していない会社も多い。経営理念や行動規範は、会社としての基本原則であるため、すべてのグループ会社の社員に理解させる必要がある。最も重要なポイントは言語で、原則としてグループ会社内で通用しているすべての言語に経営理念や行動規範が翻訳されていなければ、適切な周知を行うことはできない。会社によっては、日本語、英語、中国語といった主要言語だけの翻訳にとどまっている会社もあり、そもそもそのような状況で適切にコンプライアンスを推進すること自体が難しい。企業グループ全体でコンプライアンスを適切に推進するためには、経営理念や行動規範の周知を怠ってはならない。

規定やルールが作成されていることが確認できれば、それらがどのような形態で周知・教育されているかを確認しなければならない。基本的な考え方としては、理解が難しいものや重要なものは教育、理解が容易で日常的に意識する必要があるものは、社内掲示や各種の回覧機能を用いた周知を選択することが一般的である。また、教育については、それぞれの対象者、頻度、手法を検討する必要がある。

教育の対象者については、経営幹部、管理監督職、関係者・関係部門、全社員といったカテゴリーがあり、教育を行うプログラムによって対象者が異なる。例えば、カルテル教育は関係する部門や関係する社員で十分であるが、行動規範は全社を対象に行わなければならない。

教育の頻度については、人間の記憶力に限界があることから、同一人に対して、同じ領域の教育を一定の周期で繰り返し行うことが望ましく、重要な領域の教育については４～５年に一度、最も重要な行動規範については、毎年教育を実施することが望まれる。また、これらの教育を実施する際には、教育実績を正確に把握するため、教育実施日、教育内容、参加者等を記録しておくことが重要である。

教育の手法については、これまで対面による教育が主体であったが、最近は、ｅラーニングサービスや映像教育サービスを利用するケースが増加している。これらのサービスは、比較的に低コストで多くの人数を受講させることができるため、積極的に導入している会社も多い。また、社内教育資料を作成するためのコンテンツを提供しているベンダーもあり、教育資料を内製化する上で効果を発揮している。

規定やルールが作成され教育が実施されていれば、最後に運用状況をモニタリングする仕組みの導入を検討する必要がある。モニタリングシステムの中で最も大切なものは、内部通報制度で、すべてのグループ会社に所属する社員が、社内窓口と社外窓口にアクセスできる環境を構築し、グループ全体の内部通報制度の運用が管理されていなければならない。また、社内の意識調査もコンプライアンス意識の浸透状況を把握する上で有益な情報となるため、定期的に実施することが望ましい。内部通報制度や意識調査については、サービスを提供しているベンダーがあり、内部通報制度については、多言語対応ができるベンダーが増加しているため、このようなサービスを利用する会社も増加している。意識調査については、他社との比較データを入手できるサービスがあり、自社のポジションを把握する上で有効なツールになっている。

その他のモニタリングシステムについては、競争会社と接触する機会を持つ場合に事前申請を必要とする制度を導入している会社が多く、また、接待や贈答を行う際にも同じく事前申請を必要とする会社が多く、これらの運用フローをシステム化しておくと申請漏れが減り、運用の精度と実効性が高まる。さらに、アパレル業界や電子分品業界等の人権や労働環境に対する顧客からの要求が厳しい業界では、社員の労働時間を常時モニタリングし、時間外労働や休日労働を詳細に管理している会社があり、製造業の工場では、生産性の向上や安全管理を目的として、社員の作業導線を管理している会社もある。全社的な視点で社内のモニタリングシステムを調べてみると、予想以上に多くのモニタリングシステムが稼働していることに気づくことが多い。

④ コンプライアンス体制の評価モデル

コンプライアンス推進活動は、概念が曖昧で活動内容の幅が広く、標準モデルを作成することが難しいとされてきた。しかしながら、実際に活動内容を分析してみると、標準化することができる内容が多いことに気づく。また、コンプライアンス推進へ向けて、社内における推進体制が整備され、規定やルールが整備され、モニタリングシステムが整備されると、次のステップとして、これらすべての運用状況を評価し、維持管理していくことが求められる。

評価方法については、さまざまな手法があるが、コンプライアンスリスクを管理する領域ごとに、規定やルールの整備状況、教育の実施状況、モニタリングシステムの運用状況について、それぞれ３段階で評価する手法が効果的である。この評価結果を点数化すれば、グループ会社ごとのコンプライアンス体制の優劣を比較検討することが可能となり、各社の状況を網羅的に数値で把握することができる。また、コンプライアンス委員会等で評価結果を定期的に報告すると、各社の競争意識が高まり、結果的にコンプライアンス推進体制の強化につながる。

コンプライアンス推進業務の主要施策として、これらの定量化された評価モデルを積極的に導入していくことで、グループ会社全体のコンプライアンスレベルを底上げすることができる。したがって、これらの運用スキームをシステム化するニーズは高く、近い将来ベンダーと連携してシステム化を検討していきたい。

⑤　コンプライアンスリスクの軽減

コンプラアイス推進活動が強化され、規定、教育、モニタリングシステム等の体制が整備されても、不祥事やコンプライアンス問題はなくならない。なぜなら、企業の構成員は人間であるためで、誤りや失敗を100%排除することはできず、最終的には、個人の倫理意識に委ねられる。ただし、コンプアインス体制を整備することで、問題が発生した場合の影響度を最小限に食い止めることができる。例えば、米国で競争法違反等の問題が発生し、会社が訴追されて罰金を支払う場合、効果的なコンプライアンスプログラムが整備されていれば、有責性スコアを引き下げることが可能となり、結果的に罰金額を引き下げることができる。また、コンプライアンス体制が整備されていなければ、マスメディア等のネガティブな報道等により、会社のレピュテーションリスクが高まるおそれがある。いずれにしても、不祥事やコンプライアンス問題の発生は、企業にとって不可避なものであり、コンプライアンス体制の整備は、リスク軽減のために不可欠な施策であると

⑥　内部通報制度の運用

コンプライアンス業務の一環として、法務部門が内部通報制度の事務局を担当するケースも多い。内部通報制度運営は、内部通報の受付、調査の実施、フィードバックに業務が分かれており、調査を実施した結果、懲戒処分が必要な案件であれば、懲戒処分のフローに従って、調査結果を人事部門や懲戒委員会へ送付する。

内部通報の受付窓口については、社内受付窓口と社外受付窓口に分かれており、社外受付窓口は、法律事務所か専門ベンダーに委託するが、一般的な傾向を見ると法律事務所へ委託するケースが多い。また、社内受付窓口は、専用電話、専用Ｅメール、手

紙等で内部通報を受け付け、特にEメールによって内部通報が行われることが多い。

内部通報の調査については、社内で調査を完了するケースがほとんどで、実際に受け付けた通報内容に応じて、最適な人材を調査担当者として個別に選任する。ハラスメント系の調査は、総務人事系の部門に所属する社員に調査を委託するケースが多く、案件によっては、事務局が直接調査を行うこともある。また、社外へ調査を委託する場合は、法律事務所へ委託するケースが多い。

通報者へのフィードバックについては、制度設計の内容によって実施するケースとしないケースがあり、フィードバックを行ってもその内容に満足しない通報者も多い。また、調査の結果、問題点が発見されて是正措置が必要なケースについては、担当部門へフィードバックを行い、是正措置の実施を依頼する。

⑲ コーポレートガバナンス

① コーポレートガバナンス業務

コーポレートガバナンス業務は、コーポレートガバナンス・コード、会社法内部統制、取締役会運営、株主総会運営、商業登記、定款管理、社内規定管理等で構成されており、これらの業務を法務部門が担当しているケース、また、これらの業務プロセスの一部に法務部門が関与しているケースも多い。

コーポレートガバナンス・コードと会社法内部統制については、コンプライアンス推進業務と同じで、それぞれの項目ごとに実務を担当している部門が分かれており、全体の運用情報を取りまとめて管理することが課題となっている。したがって、全体の運用をコーディネートする部門の設置が求められる。運用情報の取りまとめ作業は、定期的に行う必要があるが、頻度と作業量がそれほど大きくないため、エクセルデータで一覧表を作成して運用情報を管理することが一般的となっている。特に会社法内部統制については、運用状況の開示が求められていることから、コーディネートを担当する部門が運用情報を収集して運用状況を評価し、社内委員会審議等のプロセスを経て、最終的には、評価結果を含む運用状況を取締役会へ報告することが求められている。

② コーポレートガバナンス・コード

コーポレートガバナンス・コードについては、いつの間にかすべての項目を遵守することが当然という時代になっており、会社法の内部統制についても、内部統制システムに関する基本的な考え方を取締役会で決議するだけではなく、その運用状況の開示が求められている。ここ数年は、ESG 投資が積極的に行われており、投資家も投資先企業のコーポレートガバナンス体制に注目している。評論家等から企業のコーポレートガバナンス体制は形だけで魂が入っていないという批判を受けることがあるが、そもそも形がなければ魂も入らないため、実務家としては、コーポレートガバナンス体制の構築を第一に考えなければならない。

また、その内容を適切に開示しなければ外部へは伝わらないため、コーポレートガバナンス報告書、統合報告書等の開示ツールを充実させて、積極的に取組内容を開示していかなければならない。日系企業は、隠匿善事という思想ものと、自社の優れた取組みを積極的に開示してこなかった歴史があるが、現代社会では、外部からの正当な評価を受けるため、自社が取り組んでいる内容を積極的に開示していくことが求められている。さらにコーポレートガバナンス体制を進化させるためには、毎年、定期的に運用状況を評価し、世の中の流れに後れをとらないよう、積極的に取組内容を見直していかなければならない。

③　株主総会運営

株主総会運営については、近年、招集通知の作成がシステム化され、議長の議事進行を支援するサービスも充実しており、これらを株主総会実務へ導入する企業が増加している。一定規模以上の株主が来場し、株主からの質問が活発に行われる企業では、議長の議事進行を支援するサービスの導入が求められる。一方で、新型コロナウイルスの影響でバーチャル株主総会を開催する動きも加速していることから、バーチャル株主総会支援サービスの導入を合わせて検討しなければならない。

また、グループ会社の定款については、それぞれの会社の株主総会に合わせてチェックを行うケースが多い。特に海外子会社の定款については、長期間にわたって改定等のメンテナンスを行っていないケースも散見されるため、時期を見て一度は集中的に見直し作業を実施し、その後、各国の会社法改正に合わせて定期的にチェックを行う仕組みを構築することが望ましい。

④　取締役会運営

取締役会運営については、グループ会社を含めると開催回数が多く、招集通知の発送、議事録の作成をシステム化するニーズが高い。特に議事録については、日本で事業者署名型の電子契約サービスが利用可能であり、記載フォーマットが定型化されていることから、招集通知の発送を含めてこれらの業務のシステム化が実現できると、業務の生産性が大きく改善される。

また、日本で取締役会を設置しているが、3か月ごとに取締役会を開催していない子会社が存在していることもある。このような事例は、まさに法令違反であり、改善するか取締役会の設置を止めるか、いずれかを選択しなければならない。グループ会社全体の取締役運営状況については、本社管理部門の中でモニタリングを担当する部門を定めて、運用状況を定期的にモニタリングすることが望まれる。

⑤ 商業登記

商業登記については、サービスを提供しているベンダーが複数あり、登記申請を内製化している企業は、このようなサービスの導入を検討する余地がある。ただし、年間の登記申請回数が限られていることから、司法書士への外注、内製化（人件費）、内製化＋サービス導入、それぞれのコストを比較して検証を行うことが望ましい。無理に内製化を考えずに司法書士へ外注したほうが品質とコストのバランスが良いケースも多い。

⑥ 社内規定

社内規定については、社員への周知が必要であることから、社内イントラネットの掲示板を利用して掲示するケースが多い。ただし、社内規定には、本社の管理部門が管理している規定、各事業部門が管理している規定、各子会社が管理している規定、それぞれの運用細則やマニュアル等、さまざまなカテゴリーの規定が混在しており、企業規模が大きくなればなるほど、現在有効なすべての社内規定を掲示することは、かなり難易度の高い作業となっている。一方で社内規定が周知されていないと、その有効性や実効性に疑義が生じ、運用の場面でさまざまな問題が生じる。したがって、社内規定を取りまとめる部門を定めて、制定や改定の承認経路と周知方法を含めたフロー全体を整備し、これらを運用していくことが求められる。

現在、Legal Tech ベンダーから提供されているサービスを見てみると、契約書に関連する業務と比較して、コーポレートガバナンスに関連する業務に対するサービスが少ないことに気づく。今後、コーポレートガバナンス分野においても、さまざまなサービスを提供するベンダーが増加することを期待している。

20 リスク管理

① リスク管理体制の考え方

リスク管理についても、コンプライアンス推進活動やコーポレートガバナンス業務と同じで、それぞれの領域の実務を担当している部門が分かれており、また会社単位でそれぞれの実務が行われていることから、グループ会社全体の運用情報を取りまとめて管理することが課題となっている。したがって、全体の運用をコーディネートするリスク管理部門を設置することが求められる。

リスク管理体制については、COSO Enterprise Risk Management（COSO ERM）や ISO31000（リスクマネジメント－指針）、ISO22301（事業継続マネジメントシステム）といったリスク管理モデルを参考にして組み立てればよい。ただし、企業規模、業種、マネジメントスタイルによってリスク管理の手法が異なるため、標準的なモデルを相当程度カスタマイズする必要があり、そこがリスク管理体制を構築する際の大きな課題となっている。この作業は、自社のナレッジだけでは難しいケースが多く、専門のコンサルティング会社を起用することをお勧めする。

リスク管理は、そもそも管理対象が漠然としていることから、コンプライアンス推進活動とどのように棲み分けしていくかが課題となるケースがある。特に、コンプライアンスとリスク管理でそれぞれ別の所管部門が設定されている場合に問題となる。ある意味、コンプライアンス推進活動もリスク管理活動の一種であるため、両者をきれいに線引きして、それぞれの担当領域を重複なしに定義することは難しい。したがって、両者の活動については、活動領域が重複することを前提としながら、リスク管理活動を上位の活動として定義し、コンプライアンス推進活動はリスク管理活動の中の一部分という整理を行ったほうが理解を得やすいといえる。

② リスクアセスメント

実際のリスク管理活動については、コンプライアンス推進活動との親和性が高く、最初にリスクアセスメントを行い、企業グループ内に存在するリスクを特定し、リスク管理を行う領域を特定していく。リスクには、すでにリスクが発生している顕在化したリスクと、まだリスクは発生していないが、将来発生する可能性のある潜在的なリスクがあり、リスクアセスメントの際には、それぞれのリスクを検討することが求められる。したがって、豊富な経験と想像力が求められる作業であり、現場経験の長い人物が関与しなければ、実効性のあるリスクアセスメントは実施できない。

③ リスクの抽出と評価

リスクアセスメントが終了して、リスク管理の領域が定まれば、いよいよリスク管理活動の実務が始まる。最初にその年度の管理対象となるリスクを抽出し、リスク管理を行う帳票にリストアップする作業をすべてのグループ会社で行う。次にリスクが抽出された後、その抽出されたリスクの評価を行う。リスク評価は、リスクの発生頻度と影響度を指標として行うことが一般的であり、3段階評価または5段階評価で行うケースが多く、それぞれ一長一短があるため、どちらのモデルを使用するかは、慎重な判断が求められる。わかりやすさを求めれば3段階、緻密さを求めれば5段階を選択することになるが、個人的には、シンプルでわかりやすい3段階評価モデルを推奨する。

リスクの発生頻度と影響度の具体的な基準は、すべてのリスク共通で定めるケースとリスクによって個別に定めるケースがある。個人的には、共通基準を定めると適用が困難になる領域があるため、一定の領域では個別に基準を定めることを推奨する。

＜リスク評価のモデル（3段階モデル）　事例＞

			大	影響度	小
			A	B	C
			経営に大きな影響がある	経営に影響がある	経営への影響は少ない
高 発生頻度 低	1	今後発生する可能性が高い	A1	B1	C1
	2	今後発生する可能性がある	A2	B2	C2
	3	発生する可能性は低い	A3	B3	C3

<影響度の評価モデル　事例>

項目	影響度	基準
売上損失	A	全社的に大きな被害（50億円以上）
	B	全社的な被害（1～50億円）
	C	全社レベルに至らない（1億円未満）
財産損失	A	全社的に大きな被害（50億円以上）
	B	全社的な被害（1～50億円）
	C	全社レベルに至らない（1億円未満）
賠償責任	A	全社的に大きな被害（50億円以上）
	B	全社的な被害（1～50億円）
	C	全社レベルに至らない（1億円未満）
人的損失	A	全社的に大きな被害（50億円以上）
	B	全社的な被害（1～50億円）
	C	全社レベルに至らない（1億円未満）
企業イメージ毀損	A	全社的に大きな被害（50億円以上）
	B	全社的な被害（1～50億円）
	C	全社レベルに至らない（1億円未満）

<影響度の評価モデル　事例>

項目	影響度	基準
定量的基準（金額）	A	1億円以上
	B	100万円以上1億円未満
	C	100万円未満
定性的基準（人命）	A	死亡者が発生
	B	入院が必要な被害者が発生
	C	応急処置のみの対応可能な被害者のみ
定性的基準（範囲）	A	全社に及ぶ被害が発生
	B	1事案に及ぶ被害が発生
	C	1部門に及ぶ被害が発生

＜発生頻度の評価モデル　事例＞

発生頻度	基準
1	毎年発生することが想定される
2	数年に１度発生することが想定される
3	10年以上の期間で１度発生することが想定される

＜発生頻度の評価モデル　事例＞

発生頻度	基準
1	毎年、もしくは2〜3年に一度
2	5〜10年に一度
3	30〜50年に一度

④　リスクに対する維持管理手順

リスク評価が完了した後、それぞれのリスク評価結果に応じて、その年度の管理対象リスクに対する維持管理手順を定めていく。リスクの維持管理手法には、受容、回避、低減、移転があり、いずれかの手法を選択して、その詳細手順を定めていく。例えば、贈収賄リスクに対して、接待や贈答を行う際の基準を定めたガイドラインを定めて周知することは、贈収賄リスクに対する維持管理手順となる。この維持管理手順は、リスクの低減として位置づけられる。また、贈収賄リスクに対して、接待や贈答自体を廃止する場合、この維持管理手順は、リスクの回避として位置づけられる。

<リスクの維持管理　事例>

・リスクの受容
リスクのサイズを変更するための追加の対策を講じない。
事例：事務用品が盗難される可能性があるが、金額が小さいため対策を実施しない。
・リスクの回避
リスクを除去するための活動を行う。
事例：小切手の不正使用リスクを回避する為、小切手による支払いを停止する。
・リスクの低減
リスクの重大性を低減する為の活動を行う。
事例：地震による生産設備への損害を最小限とするため、耐震工事を行う。
・リスクの移転
リスクのサイズを低減するために、リスクの一部を移転、もしくは共有する為の活動を行う。
事例：地震による損害に備えて保険を付保する。

⑤　残存リスクの評価とリスクマップの作成

管理対象リスクに対する維持管理手順を定めた後、あとは残存リスク評価として、維持管理手順実施前のリスク評価結果と維持管理手順実施後のリスク評価結果の変化を比較して、残存リスクを評価する。実際のところ、維持管理手順の実施によって、リスクが下がっている項目とそのまま維持されている項目がある。この残存リスクが翌年の期初に抽出されるリスク評価結果と一致することが多い。なお、グループ会社ごとに固有のリスクがあるため、ここまでの作業は、すべてのグループ会社ごとに行う必要がある。

それぞれのグループ会社ごとのリスク管理作業が終了した後、その情報を本社のリスク管理部門が取りまとめ、グループ全体のリスクマップを作成する。正確なリスクマップを作成するためには、本社部門から集められた情報ではなく、グループ会社から集められた情報を参照しなければならない。なお、リスクマップは、グループ全体のリスク分布をまとめた重要な資料で、毎年更新することが求められる。

⑥　リスクマネジメント

多くの日系企業では、管理部門機能と事業部門機能のマトリックス構造で指揮命令が行われている。特にリスク管理においては、両機能間でコンフリクトが起きるケースがあり、どちらの機能の指揮命令が優先するかを決めておく必要がある。例えば、管理部門としては、すぐに工場の耐震工事を指示したいが、事業部門としては、生産活動をしばらく止めたくないケースが典型的な事例で、優先順位を決めておかないと現場が混乱してしまう。会社のマネジメント思想によって異なるが、実際の事例では、事業部門が優先権を持っているケースが多い。

リスク管理手法についても、活動内容を分析してみると、標準化すことができる内容が多いことから、業務フローをシステム化するニーズは高く、近い将来ベンダーと連携してシステム化を検討していきたい。

21　レベル設定の考え方

①　レベル設定の課題

新しい法律が施行されるたびに、法務部門関係者は、法律事務所に意見を求め、コンサルタントを起用する。中には様子見の会社もあり、まさに実務担当者が右往左往し、混沌とした状態に陥ってしまうケースが多い。高額な費用を支払って、コンサルティングサービスを受けている会社も、指定された作業のあまりの煩雑さに社内関係者がついていけず、結局は挫折してしまうという悲劇も発生してしまうこともある。

なぜこのような事態が発生するのかというと、それは何も考えずに100点満点を目指しているからではないかと考えられる。最初から100点満点を目指すと宣言すると、どうしても無理が生じてしまう。企業規模、業種といった個性、法令の運用体制等に応じて、「ちょうどいい」レベルを考えて目指すべきである。私自身、過去の経験を振り返っても、70点を目標にしたとたん、作業がスムーズに進むという事例が数多くあった。「ちょうどいい」レベルを目指すに当たっては、リスク分析、目標設定、社内コンセンサス、アドバイザーの選定等、さまざまな課題がある。当然ながら、担当部門がイニシアティブを持って、「ちょうどいい」の定義を明らかにしていかなければならない。

② ちょうどいいの定義

ここで「ちょうどいい」を定義しようとすると、まず、理想形（到達点）と最低限を検討する作業から始まる。理想形は、優れた企業の運用モデルを参照することで、自社の理想モデルを定義することができる。一方で最低限の定義は難しいが、コンプライアンス体制の最低限のレベルとは、株主代表訴訟で敗訴しないレベルと考えることができる。過去の判例を見てみると、日本システム技術事件判決（最高裁平成21年7月9日判決・判例時報2055号147頁）が参考となる。この判例で企業に求められる内部統制の程度とは、①通常想定される不正行為を防止し得る程度の管理体制を整えていること、②不正行為の発生を予見すべきであったという特別の事情がある場合、それを防止し得る程度の管理体制を整えていることと判断されている。この判例で求められるものは、決して高いレベルの管理体制構築ではなく、各社の実情に応じた管理体制を構築すべきということである。

したがって、多くの企業では、株主代表訴訟で敗訴しないレベルの体制がすでに構築されていると考えられることから、いかに理想形に近づけていくかを担当部門が考え、必要なコストと予算を見ながら「ちょうどいい」を探る作業を続けることになる。この作業を行うこと自体が最低限をクリアーしている証拠とも考えられることから、「ちょうどいい」を探る作業自体が、「ちょうどいい」レベルなのかもしれない。

③ 体制と運用の考え方

もう1つの重要な考え方は、体制と運用という考え方である。何らかの体制や仕組みが構築され、何らかの運用がなされていれば、株主代表訴訟で敗訴しないレベルにあるといえる。運用実態の詳細について、正確に法的評価を行うことはできず、何よりも見えにくいものであるため、ここまで踏み込んで責任を問われるケースはほぼないといってよい。ただし、せっかく構築した体制や仕組みが形骸化してしまっては、このような体制や仕組みを運用する意味はなく、実効的に機能する運用を行わなければ、リスクの顕在化を防ぐことはできない。経験則から見ると、厳格すぎる体制や仕組みは、その内容が実態に合わずに手続が形式化することが多く、形骸化しやすい傾向にある。

このように、「ちょうどいい」を探る作業は、体制と運用を両輪として、「ちょうどいい」仕組みを考え、実務を運用していく中で徐々に進化していく。

22 他部門との関係

① タスクとスケジュールの管理

法務部門は、法務業務を遂行する上で数多くの部門と関係を持っており、多くの社内プロジェクトにも参加している。例えば、M&Aは事業部門や経営企画部門と連携し、J-SOXは経理部門や監査部門と連携し、株主総会はほぼすべての管理部門との連携が予定されてる。これらの連携を成功させるためには、各部門のタスク管理とスケジュール管理をしっかりと行わなければならない。プロジェクト形式で業務が遂行される場合、1つの部門の遅れがすべての作業の遅れにつながるリスクがあるため、従属的な立場でプロジェクトに参加する場合も、自部門のタスクとスケジュールをしっかりと管理することが求められている。

② 事業部門との関係

事業部門との関係については、昔からさまざまな議論が行われており、車に例えると、法務部門はブレーキかアクセルがといった実益のない不毛な議論がよく行われている。法務担当者を含めて法務部門は、会社の事業を発展させることを目的として存在しており、事業部門も全く同じ目的を持って存在しているため、私自身は、事業部門との関係について、対立する関係や利害が正面から衝突する関係ではなく、一緒になって事業を発展させるための仲間であると考えている。したがって、法務部門と事業部門は、会社という1つの組織の中で、お互いを仲間として認識し、事業の発展という共通の課題に取り組むべきあり、その時々の場面に応じて、それぞれがブレーキ役になる時もあれば、アクセル役になる時もあると考えられる。

事業部門が弱気になっている時は、法務部門の強力な支援によって事業部門の担当者を奮い立たせ、法務部門がネガティブになっている時は、事業部門が積極的にリードして法務担当者をポジティブな方向へ導く。まさに法務部門と事業部門は、一連托生の関係にあり、このような良き仲間としての関係を構築していきたい。

③ 経営者との関係

経営者との関係については、より近くでより密接にという関係を築くことが、あるべき姿として語られている。法務部門長が役員クラスである場合は、社長とそのような良き関係を構築し、良きアドバイザーとして振る舞うことが求められる。一方で法務部門長が役員クラスではない場合、社長とそのような関係を構築できるかどうかは、社長の個性と社風に依存しているといってよく、通常は上下の指揮命令関係になることが一般的で、良きアドバイザーとして振る舞うことは困難であることが多い。

ただし、法務部門を所管する役員と法務部門長は、より近くでより密接にという関係を構築しなければならない。日常的に口頭でのコミュニケーションを行いながら、深い信頼関係を構築していくことが重要で、ノーサプライズの原則を意識しながら密接な関係を構築していくことが求められる。

23 顧客満足度調査

① 法務部門の機能と役割

法務部門として、最初に検討すべきことは、法務部門の組織としての目的を定めることで、会社にとって組織は、目的ではなく手段であるため、その組織が何をなすべきか、機能は何かを明確に定めることが求められる。会社にとって、法務部門を設置する目的は、法務部門を作って活動させることではなく、法務部門がどのような機能、役割を担うかを明確に定義し、会社の事業発展に貢献させることにある。まさに、法務部門長は、法務部門の機能、役割、貢献度について、経営者に対して説明する責任があるといえ、契約審査や法律相談を行う部門という業務の説明だけではなく、会社組織としての機能、役割、貢献度について、明確な説明を行わなければならない。

実際に法務部門の機能と役割を検討するに当たっては、まず法務部門の活動を定義する必要がある。その際には、法務部門を事業主体として見立て、その事業とは何かを定義する作業が重要で、事業主体であるために顧客ニーズを分析する必要があり、まず顧客は誰かという視点を持って定義を検討しなければならない。法務部門は、製品を製造することはなく、ましてや製品を販売することもないため、製品を購入する消費者が顧客ではないことがわかる。ここで法務部門の日常業務を注意深く見てみると、社内の各部門から寄せられた法律問題を法務担当者が検討して回答する業務が大部分を占めることがわかる。したがって、法務部門にとっての顧客は、社内の各部門に所属して日常業務を行い、法律問題について法務部門に相談を行う依頼者そのものであるといえる。

② 顧客満足度調査

顧客を特定した後は、顧客が何を求めているかを検討する必要がある。法務部門の顧客は、法律問題について相談を行う依頼者であり、依頼者は何を求めているかという問いに答えるためには、顧客の声を聞くことが求められる。多くの企業の販売部門では、マーケティングの手段として、さまざまな種類の顧客動向調査を実施しており、法務部門においても、依頼者の要望を正確に把握するため、顧客満足度調査を実施すべきである。顧客満足度調査については、個別ヒアリング調査、アンケート調査等、さまざまな手段があるが、初回は、法務部門が関係の深い部門に対して個別ヒアリング調査を行って、依頼者の要望を肌で感じることが重要で、２回目以降は、一定の調査範囲を定めて、毎年アンケート形式で調査を行うことが望ましい。

＜顧客満足度調査の項目　事例＞

以下の項目について、３段階または５段階の評価を回答する。
・案件依頼から法務担当者決定までの期間の満足度
・回答納期の満足度
・回答内容の満足度
・法務担当者のレスポンスの満足度
・法務担当者のビジネスマナーの満足度
・案件依頼システムの満足度
・案件依頼に当たって重視しているもの
・法務部門に求めるもの
・法務部門の提供するサービスに関する総合的な満足度
・自由コメント

③　フィードバック

　実際に顧客の声を分析してみると、法務部門に対して、さまざまな要望があることに気づく。共通する意見の多くは、法的な問題をわかりやすく解説してほしい、回答納期を短くしてほしいといった要望で、法的なリスク管理をしっかりとしてほしい、防波堤としての役割を期待しているというポジティブな声もある一方で、ビジネスを止めないでほしい、ビジネスのスピードを遅らせないでほしいというネガティブな声も多い。

このような分析を通じて、法務部門の機能と役割を定めていくが、法的な問題を指摘し、わかりやすく解説するという視点は、法務部門の活動の基本であり、法務部門は法律の専門家として、その専門性をビジネスの中で発揮することが求められている。例えば、法務部門が法的な問題点を発見しても、ビジネスにかかわる人々に理解されなければ全く意味がなく、法務部門がビジネスの本質を理解せず、重箱の隅をつつくような指摘を行っても、リスクマネジメントの観点から全く意味のない指摘になってしまう。このような観点から見ていくと、法務部門は、自社のビジネスモデルをしっかりと理解し、実際に行われているビジネスと法律をつなぐ役割を強く求められていることに気づく。

また、ビジネスを止めないでほしい、ビジネスのスピードを遅らせないでほしいというネガティブな見解については、そもそも、なぜそのようなネガティブな意見が生まれるのかを分析する必要がある。契約審査業務について検討すると、日系企業の法務部門が単独で契約交渉を行うことはまれで、多くの場合、契約交渉は依頼部門が行い、法務部門が後方から支援するという役割分担になっており、実務を処理する場面で、法的なリスク管理を重視するという法務部門のスタンスとスピードの遅延という依頼部門が望まない結果が交差し、意見の対立が起きている。要するに、交渉を直接担当する部門と支援を担当する法務部門という会社の内部で意見の対立が起きているわけで、究極的にはコミュニケーションの問題であるといえる。このようなコミュニケーションの問題を回避するためには、法務部門と各部門が日常業務の中でコミュニケーションを深めることで、お互いの考え方を理解し、お互いの立場を尊重し、共通理解のもとでお互いが協働するという関係を構築することが唯一の解決策といえる。まずは、冷静にじっくりと話し合う機会を設け、お互いの考え方を理解するところから始めなければならない。また、事業部門が主催する月例会議に法務担当者が出席すると、事業部門の考えに対する理解を深めることができるため、このような機会を定期的に設けることが望ましい。

顧客満足度調査の実施とその結果の分析によって、「ビジネスと法律をつなぐ」「法務部門と他部門の協働」というキーワードであることを発見することができた。この2つのキーワードは、多くの企業の法務部門で共通する機能と役割であり、その他、各社のマネジメント体制にあわせた固有の視点を持って、最終的な法務部門の機能と役割を定めていくことが求められる。

法務部門の機能と役割を定めるに当たっては、各社の経営理念、ビジネス環境、経営者からの期待、コーポレートガバナンス体制、他部門との役割分担、マネジメント体制等、さまざまな要素を検討に加える必要があるが、最も重要な要素は、顧客の要望であることを忘れてはいけない。企業の中で法務部門の評価を高めていくためには、顧客の要望を常に把握し、この要望に応えていくことが求められる。

24 情報管理

① 秘密情報管理の考え方

法務部門は、ルーティンワークである契約審査業務や法律相談業務を通じて、日常的に社内の秘密情報に接しており、おそらく、これらの業務に関連して入手する情報で秘密情報を含まないものは、ほぼ無いと考えられる。したがって、秘密情報管理は、法務部門で実施していて当然という位置づけになる。

秘密情報管理については、法務部門の業務に特化した規定を作成している会社は少数で、大部分の会社は、グループ会社内で統一された規定に基づき、統一されたルールに従って秘密情報を管理している。企業における秘密情報管理の一般的な手法としては、秘密情報の重要性に応じたランク付けを行ってから、そのランクにしたがって管理を行うことが多い。例えば、社内に存在する秘密情報を重要性にしたがって、社外秘情報、部外秘情報、極秘情報といった3ランクに分ける手法が広く浸透している。

秘密情報管理の実務としては、それぞれの部門が日常業務を遂行する中で取得している秘密情報を特定し、それぞれの秘密情報にランク付けを行ってから、そのランクに応じた管理方法を定め、秘密情報管理台帳を作成することによって、運用を管理していくことが一般的な手法であるといえる。また、このような秘密情報管理台帳は、運用開始時に作成するだけではなく、毎年内容を見直していかなければならない。

法務部門がルーティンワークを処理する過程で取得する契約書データや法律相談資料は、ほぼすべてが秘密情報に該当するが、一律にランクを付けることは難しく、それぞれの内容によって、ランクが分かれることに特徴がある。したがって、法務担当者は、案件を受け付けた都度、秘密情報のランク付けを行うことが求めれてており、一定ランク以上の秘密情報は、パスワードによる管理や一定レベルのセキュリティーが確保されたフォルダーでの情報保存が求めれている。また、秘密情報データのプリントアウトやコピーについても制限が加えられているケースが多い。

② 情報漏洩リスクの管理

秘密情報漏洩リスクを考えると、外部からのハッキングによるリスクが高く脅威となっているが、法務部門でこのリスクを防ぐことはできず、ハード面を中心とした企業の情報セキュリティー対策強化に委ねるほかない。その他、Eメールによる秘密情報のやり取りが最も高リスクで、法務担当者個人PCのハードディスクにデータを保存することも、同じくリスクが高いと考えられている。これらのリスクは、法務部門で対策を講じることが可能であり、契約審査フローや法律相談フローからEメールを排除し、これらのフローをシステム化することが最も有効なリスク管理対策であると考えられる。業務の効率化という観点だけではなく、秘密情報管理の視点から見ても、契約審査フローや法律相談フローをシステム化することの意義は大きい。

また、秘密情報の保存については、共有サーバー内にアクセス制限を付けたフォルダーを作成して管理することが一般的である。M&A等の大型プロジェクト案件であれば、社内の各部門の担当者がアクセスできるサーバー内に、このようなアクセス制限を付けたフォルダーを作成し、アクセスできる関係者を限定して、関連する秘密情報を管理していく。このようなフォルダーは、基本的に社内の情報システム部門と連携して構築するが、ベンダーが提供するサービスでセキュリティーレベルと利便性が高く、かつ低コストで利用できるサービスがあれば、積極的に活用を検討すべきである。

最後に秘密情報管理は、物理的な安全管理措置と人的な安全管理措置の両面で検討を行うことが求められている。物理的な安全管理措置としては、情報システム部門を中心とした部門がハード面のセキュリティー対策に必要な投資を行い、セキュリティー体制を強化している。ただし、いくら高度なセキュリティー対策を講じても、法務担当者が不用意に秘密情報を添付したEメールを誤送信してしまえば、秘密情報は外部に漏洩してしまう。

法務部門は、日常的に秘密情報を取り扱う部門であり、人的な安全管理措置として、法務担当者の秘密情報管理に対する意識を高めていかなければならない。このような意識を高める取組みは、法務担当者が一般的な研修や教育を受講するだけでは不十分で、法務部門長が日常的に啓蒙活動を行うことで、法務部門の組織文化として、秘密情報管理を根付かせていかなければならない。

25 他国のモデル

① CLOCとACCのモデル

The Corporate Legal Operations Consortium (CLOC) は、The CLOC Core 12として、リーガルオペレーションを12の分野に区分し、オペレーションを行う上での考え方を紹介している（https://cloc.org/what-is-legal-operations/）。また、The Association of Corporate Counsel（ACC） は、MATURITY MODEL FOR THE OPERATIONS OF A LEGAL DEPARTMENT（法務部門運営のための成熟度モデル）として、リーガルオペレーションを14の分野に区分し、それぞれの成熟度を比較評価する手法を紹介している（https://www.acc.com/maturity）。

私自身は、CLOCモデルよりもACCモデルのほうが記述内容に具体性があるため、ACCモデルをリーガルオペレーションの参考としている。国によって、法令、文化、組織マネジメントの考え方が異なるため、これらのモデルの考え方は世界共通のものではなく、それぞれ日系企業の法務部門のオペレーションになじむもの、なじまないものがある。しかし、法務部門の運営に当たって参考となるものも記載されているため、内容を参照することをお勧めする。

② 日系企業の法務部門のオペレーション

一方でこれらのモデルを参照しながら、日系企業の法務部門のオペレーションが劣っているのではないかという議論が行われることがあるが、これらの議論は、法令や文化に違いによってオペレーションモデルが異なるということを無視した議論で、まさに愚の骨頂であるといえる。外資系企業と日系企業は、マネジメントスタイルが全く異なっており、日系企業から外資系企業のモデルを見ると常に斬新に感じるが、それが最適な姿であるとは限らないことに注意が必要である。

我々は、海外で公表されているモデルのモノマネではなく、日本の法令や文化、日系企業の組織マネジメント体系に根ざした、リーガルオペレーションモデルを考えていかなければならない。リーガルオペレーションモデルは、国ごと、企業ごとにそれぞれ最適なモデルが異なっており、最終的には、各社のオリジナルモデルを構築していくことになる。

㉖ リーガルオペレーション革命

人間は、本能的に快適さを求め、不安が伴う変化を嫌う。しかし、変化がなければ進化はなく、イノベーションは生まれない。組織が大きくなればなるほど、現在の職場環境が心地よく、職場が変化を好まない空気となっていく。業務プロセスを見える化し、法務担当者のパフォーマンスを定量化することは、心地よい定性的な世界で育った法務担当者にとって大きな変化であり、これは大きな痛みを伴う変化に違いない。定性的な世界は、すべてが霧に包まれた世界で、納期が遅れがちでも、処理件数が少なくても、誰にも注意されずに過ごすことができ、競争という概念そのものがない。ところが、定量的な世界では、すべてがはっきりと見える世界で、自分自身のパフォーマンスがすべて数値によって管理され、厳しい競争の世界が待っている。どちらの世界に住むべきであるか、法務部門と法務担当者は悩み、いずれ選択を迫られる。組織の成長と法務担当者自身の成長を求めるのであれば、迷うことなく定量化の世界を選択する必要がある。

ここまでに述べた、見える化と定量化を中心としたオペレーション改革は、大きな痛みを伴う改革で、法務部門で実行すると、必ず改革に反対する人材が現れ、反対勢力が生まれてさまざまな抵抗が行われる。しかし、法務部門長がこれらの抵抗を恐れて怯み、抵抗勢力の妨害に目をそむけていては、リーガルオペレーション改革は成し遂げられず、腰を据えて正面から反対勢力に対峙しなければならない。

私自身の経験から判断すると、法務部門内で改革を始めるに当たって、30%程度の賛同者がいれば、これらの同志と一緒に改革をスタートさせて、しだいにその運用を軌道に乗せることができる。最初の頃、30%の賛同者で始まった改革が、徐々に賛同者が増えて50%になり、あまり興味を持たない人材を加えて、運用に協力する人材が80%になれば、この改革は成功したといえる。まずは、改革を実行するために必要な30%の賛同者を集めることから始めたい。

ここで、残り20%の人材をどうすればよいか悩む。この20%のうち、いやいやながら改革に協力する人材はそのままの状態で良く、本当にいやであれば、このような人材は、いずれ自主的に組織を去っていくことになる。残りの頑固に抵抗を続けて組織にマイナスのインパクトを与え続ける人材は、残念ながら法務部門のメンバーから外さなければならない。組織マネジメントとしては当然の措置であり、激しい抵抗が予想されるが決して抵抗を恐れてはならず、リーガルオペレーション改革へ向けた法務部門長の決意を示す良い機会であるといえる。まさに痛みを伴う改革を行ってこそ、真の改革を実行することができる。私自身も、リーガルオペレーション改革を始めて6か月後、同時に3名の人材を他部門に異動させた経験がある。その結果として改革が軌道に乗り、予定よりも早く成果が出せる状態となった。その後も改革のペースに追いつけない数名の人材が自主的に組織を去っていった。そして、改革の始動から数年後には、満足のいくパフォーマンスを達成できる組織に成長していた。

　現在、法務系の人材マーケットは充実しており、その結果として人材の流動化が進み、職場に不満があれば容易に新しい職場を探すことができる。また、法務部門も組織に合う人材を容易にマーケットから発掘することができる。ある意味、人材の流動化は、リーガルオペレーション改革にプラスの影響を与えているといえる。

　ここまでの過程で実践してきた、リーガルオペレーション改革は、根本的な仕組みの変更を伴うものであったため、ある意味、リーガルオペレーション革命であったといえる。最初から革命を起こすことを狙ったわけでなく、改革を実行する過程でさまざまな新しいアイデアが浮かび、そのアイデアを実践することで根本的な仕組みの変更につながり、革命に至ったと考えられる。短期間で揺り戻しが起きる一過性の革命ではなく、このような持続性のある革命を起こすことが組織の成長のために必要である。

改革は痛みを伴う。さらに大きな改革は大きな痛みを伴う。痛みを恐れずリーガルオペレーション改革にチャレンジして「革命」を起こし、法務部門と法務担当者の成長を成し遂げ、最終的には事業の発展に貢献することが、これからの法務部門の使命である。

PART7

Legal Tech の導入

1　法務業務のオペレーション整備

法務部門がLegal Techを導入するに当たっては、最初のステップとして、日常業務の中でコストをかけているものを検証し、導入のためのターゲットとプライオリティーを定めることが求められる。Legal Techは、時流や流行に乗った場当たり的な導入ではなく、計画性を持って導入することが重要で、いわゆるLegal Techの導入戦略を描く必要がある。

最初に導入するLegal Techとしては、法務部門で最も作業量が多い契約業務に関係するサービスを導入することが無難で、この中では、電子契約サービスの難易度が最も低い。一方で、最も重要なインフラは、契約審査の案件管理や契約書管理を行うサービスやシステムで、これらを早い段階で導入することができるかどうかが法務部門の業務改革の鍵となり、法務部門の業務品質と生産性の向上を左右する要因となる。法務部門の主要なルーティンワークである契約審査の案件管理がシステム化されずに、業務のスピードと品質をバランスさせることは不可能で、未来へ向けて法務部門を進化させるためには、ルーティンワークのシステム化を早期に実現し、アナログ的なマネジメントから脱却することが求められている。

導入へ向けた作業を行うに当たっては、3つの壁があり、それぞれ「コストの壁」「セキュリティーの壁」「導入効果の壁」を乗り越えなければならない。これらの壁の難易度は、導入しようとしてるサービスによってそれぞれ異なる。例えば、AI 契約審査サービスは、コスト、セキュリティー、導入効果、それぞれの壁が高く、一方で電子契約サービスは、それぞれの壁が低いところに特徴がある。

< Legal Tech の費用対効果>

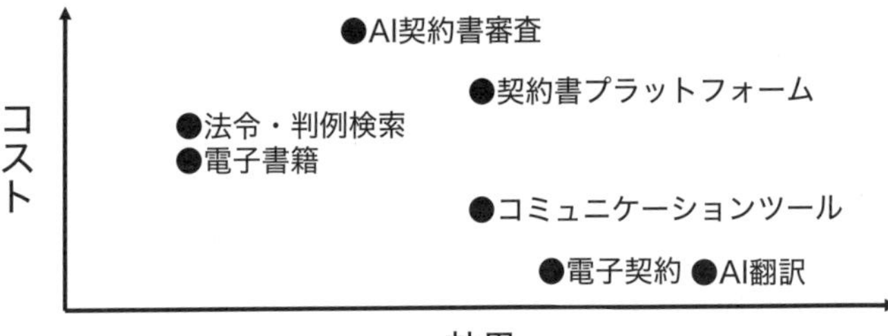

法務業務のオペレーション整備は、Legal Tech を導入する前、または導入と同時に行わなければならない。また、Legal Tech の導入は、オペレーション整備の良い機会であるといえる。仮にオペーションが整備されていない状態で Legal Tech を導入しても効果を発揮できないことが多く、オペレーション整備と Legal Tech の導入作業は、同時並行で行わなければならない。

契約審査の業務フローに Legal Tech を導入する場合は、契約審査依頼から回答、捺印、契約書データ保管までの一連のフローを整備して、業務フローを「業務フロー図」としてまとめる作業を行う必要があり、結果的にこの「業務フロー図」が Legal Tech を導入する際に設計図としての役割を果たす。

<契約審査の業務フロー図>

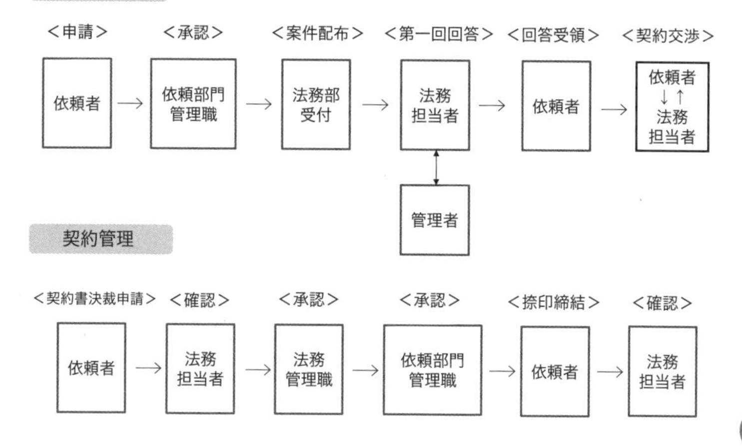

2 Legal Tech 導入モデル

実務でLegal Techを導入する際は、「業務フロー図」をベースとして、Legal Techの導入モデルを検討していく。具体的な導入モデル例としては、契約書関連業務の基本インフラとして、ワークフローシステム（WFシステム）を導入し、法務部門内の契約審査に関連する業務管理はHubbleで行う。契約審査はLegalForceのAI契約書審査サービスを活用し、電子契約サービスは電子印鑑GMOサインを活用する。法務担当者の業務支援サービスとしてはWestlaw、Practical Lawといった法令・判例検索サービス、T-4OO、リセといった翻訳サービス、Legalscape、LEGAL LIBRARY、BUSINESS LAWYERS LIBRARYといった書籍検索サービスを活用する。実際にこのような導入モデルを検討して、導入を予定するサービスを「業務フロー図」に加えていくことが、Legal Tech の導入戦略を検討する作業といえる。

< Legal Tech のモデル>

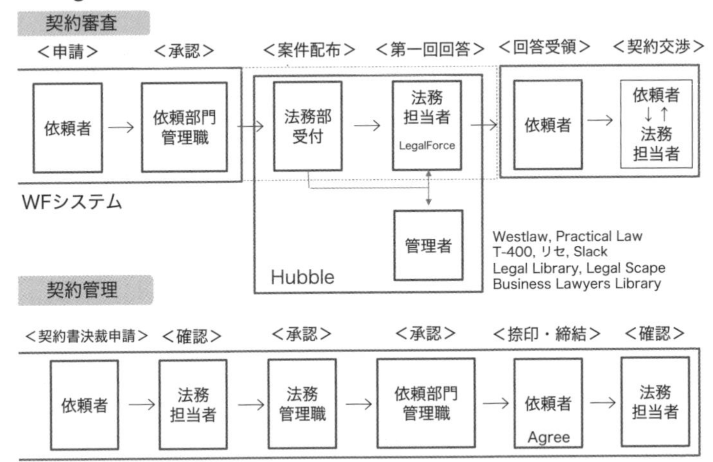

Legal Tech の導入モデルについて、実務的な視点から、業務フローに従ってより詳しく説明すると、契約審査の依頼者は、WF システムを使って契約審査を依頼し、所属部門の上司が申請内容を確認した後に、WF システムを通じて法務部門へ依頼内容が伝えられる。法務部門の案件管理責任者は、依頼案件の内容を確認して担当する法務担当者を決定し、WF システムを通じて法務担当者へ案件情報を伝える。法務担当者は、契約審査ドラフトデータを WF システムから Hubble の担当者専用フォルダーにアップロードし、Hubble のドキュメント管理機能とコネクション機能を使って、契約書ドラフトを作成する作業と契約書ドラフ

トチェックに関する管理者とのコミュニケーションを行う。法務担当者が契約審査作業を行う際は、自由にLegalForceのAI契約書審査サービス、Westlaw、Practical Lawの法令・判例検索サービス、T-400、リセの翻訳サービス、Legalscape、LEGAL LIBRARY、BUSINESS LAWYERS LIBRARYの書籍検索サービスを利用することができる。契約書ドラフトの管理者チェックが終わり、ドラフトが確定した後、法務担当者は、Hubbleから契約書ドラフトデータをダウンロードし、WFシステムを使って契約書ドラフトを依頼者に返送する。その後、相手方と契約交渉を行っている間の契約書ドラフトのやりとりは、基本としてWFシステムを通じて行う。依頼者は、契約書ドラフト確定後に契約書の正本をWFシステムに登録し、法務担当者、法務管理職、依頼部門責任者が確認した後、捺印申請手続や電子印鑑GMOサインサービスを使っての署名・捺印手続を行い、署名手続終了後の契約書データをWFシステムと電子印鑑GMOサインのデータベースへ登録する。また、管理者は、Hubbleのデータ管理機能を使って法務担当者の契約審査処理案件を管理し、毎月1回、契約審査処理のパフォーマンスに関連するデータを取得してその内容を分析し、パフォーマンス数値に異常が見つかれば、適宜、作業内容の改善を行う。

　このように、契約審査や契約書管理に伴う一連の手続をシステム化できると、作業工程が「見える化」されることによって、契約書に関係する業務の生産性が高まると同時に、一定レベルの業務品質を確保することができる。特に、これらの業務フローの中からEメールを極力排除すると、業務の生産性を高める効果があり、Eメールの見過ごしという発生頻度の高い人的なエラーを排除することが可能となるため、Eメールを極力使わないフローの構築を目指したい。最終的には、オペレーションとコミュニケーションのシステム化を実現することによって、法務部門の経営課題であるスピードと品質のバランスを適切に保つことができる。

③ Legal Tech導入の範囲

Legal Techの導入を検討する際には、最初の段階で、どの範囲やどの規模で社内に導入していくかを決めることが課題となるケースが多い。例えば、契約審査の案件管理サービスを導入する際には、全社一斉にこのサービスを導入するのか、また特定の一部の部門だけでサービスを導入するのかといった選択肢があり、実際のところ判断に迷うケースが多い。また、AI契約書審査サービスを導入する際にも、法務担当者全員を対象として導入するのか、また一部の法務担当者だけに導入するのかといった選択肢があり、難しい判断を行わなければならない。ほぼすべてのLegal Techサービスを導入するに当たり、同じような課題が発生する。

私個人の見解としては、できる限り狭い範囲でLegal Techの導入を始めることをお勧めする。Legal Techを導入する際には、業務フォローの変更を伴うことが多く、さまざまな初期トラブルの発生が予想される。このような初期トラブルに対応していくためには、最小のコストで迅速にトラブルへ対応できる狭い範囲で始めたほうが有利である。また、想定どおりの効果が発揮できない場合は、運用している範囲が狭いと撤退のインパクトが小さいため、撤退の判断も容易にできる。まずはトライアルとして一部の部門や範囲で始めて、初期トラブルを解消しながら徐々に導入範囲を広げていくことをお勧めする。

会社が事業部門ごとに分けられている場合は、法務部門に協力的な事業部門から導入を始めて、運用実績を積んでいくことも現実的な提案である。また、稟議システム等の他の社内システムとの連携については、まずは別の独立したシステムとして考え、最初から無理をして連携させないほうがうまくいくケースが多い。最近の Legal Tech は、API 連携が可能なサービスも多く、導入初期の運用が落ち着いた段階で、追加の課題として社内システムとの連携を検討すればよい。

法務部門への導入についても、トライアル期間を定めたほうがよいケースが多く、導入範囲についても、法務部門内に検証チームを作って、一部の法務担当者で利用することが考えられる。ただし、AI 契約書審査、法令・判例・書籍検索サービス等のサービスについては、1～2か月といった短期間で導入効果を見極めることは非常に難しく、法務担当者に1年以上は使用させて、その期間中にさまざまな使用方法を試し、効果を見極めていくことが望ましい。

PART8
契約書管理

1 基本インフラとしての契約書管理

前述のとおり、契約書管理は法務部門にとって必須インフラであり、法務部門の業務処理能力を進化させる上で、必ずシステム化を実現しなければならない業務である。

契約書管理は、依頼者が契約審査を依頼して法務部門から回答を受けるフローを管理するフェーズ（契約審査フェーズ）と、契約書が当事者交渉によって確定し、捺印・署名された後、データベースに契約書データが保存されるフェーズ（契約管理フェーズ）に分けることができる。また、事業部門が外部と契約交渉、捺印・署名手続等を行うフローを管理するフェーズをいずれかに加えることもできる。

契約審査フェーズをシステム化すると、案件の処理過程が見える化されるため、案件滞留、処理遅延等、案件処理の過程で発生する人的なエラーが減り、業務品質の向上に役立つ。また、システムから案件処理のパフォーマンスデータを入手することができるため、業務の生産性改善に大きく寄与し、このデータを法務担当者の人事評価データとして活用すると、人事評価の透明性向上にも役立つ。さらに、システムのデータベースに蓄積されたデータは、法務部門のマーケティング活動にも活用することができ、契約書データは、法務部門のナレッジデータとしても有効に活用できる。

契約管理フェーズをシステム化すると、こちらも案件の処理過程が見える化されるため、案件滞留、処理遅延等、案件処理の過程で発生する人的なエラーが減り、業務品質の向上に役立つ。特に、契約書の期日管理や履行管理について、業務品質を向上させることができる。

依頼部門から見て最もニーズが高いものは、契約書の期日管理であり、期日管理をシステム化し、契約期間満了前にEメール等でアラームが出る仕組みを構築すると、契約更新に関する人的エラーを減らすことができる。現在、AI技術を使って契約書の記載内容を自動的に読み取って、契約書や契約条項を管理できるサービスも開発されている。業界によっては、契約締結後の履行管理を行うニーズが高い業界もあり、このようなサービスの活用が期待される。

一般的に法務部門は、契約審査フェーズのシステム化ニーズが高く、契約審査の依頼部門は、契約管理フェーズのシステム化ニーズが高いと言えるが、契約書の履行管理について、現状、そこまで意識の高い依頼部門は少なく、これからの課題となっている。一方で法務部門のリサーチ業務として、例えば、新型コロナウイルスの流行等で事業に支障が出た場合、契約書の不可抗力条項をチェックする必要があり、契約書の記載内容をシステムを使って簡易にチェックできる機能があれば便利であり、法務部門にとっても契約書の履行管理について一定のニーズがあるといえる。

どこまで契約書の履行管理を行うべきか難しい課題であるが、契約書に関連するトラブルを未然に防止する意味で、最低でも契約書の期日管理は行わなければならず、エクセルによる契約書の台帳管理では抜け漏れが発生する危険性があることから、システム化が求められている。また、契約書の履行管理についても、ライセンス契約を締結してライセンスを受ける場合は、ライセンスの使用条件を理解して使用状況を管理していないと巨額の損害賠償責任が発生するリスクがあり、取引契約で納期遅延が発生した場合は、損害賠償責任が発生するケースもある。

内部統制の一環として、リスク管理の強化が求められており、契約書の履行管理がこれから法務部門にとっての新たな課題として注目されていくであろう。日系企業においても、Contract Lifecycle Management（CLM）を真剣に考える時代がすぐそこに迫っている。

② 契約書管理に関係するサービスの検討

現在のところ、Holmes、MNTSQ、LegalForce（Marshall）、日本パテントデータサービス（GripManager）、リコー（Contract Workflow Service）等が、契約書管理に関係するサービスを提供している。特にHolmesは、契約審査依頼から履行管理までを含む幅広いサービスを高い品質で提供しており、MNTSQは、契約書に関連するさまざまなサービスを総合的に提供している。最近は、AI契約書審査サービスを提供しているLegalForce等のベンダーが親和性のある契約書管理の領域に進出する事例も増えている。また、ワークフローシステムを使って自社で管理システムを構築している会社も多い。特に社内の稟議システム等の自社システムと円滑にリンクをさせたい会社は、自社開発や外部のシステム開発ベンダーにシステム構築を依頼するケースも多い。

契約書管理は、法務部門だけではなく会社全体に影響を及ぼす業務であり、システム化するとユーザー数が多いところに特徴がある。システム自体は、単純なワークフローシステムで構築可能なため、自社で開発を行うことが可能であり、外部ベンダーに開発を依頼するべきか、SaaS型のサービスを導入するべきかどうか迷うが、最終的にはシンプルで操作性が良く、作業コストを含めたトータルコストが安い方法を選ぶことが賢明である。SaaS型のサービスを利用する場合は、費用がユーザー数で変動するため、コストに注意が必要である。また、ユーザーごとにアクセス権限や承認権限を付与する場合は、人事異動による定期メンテナンスを行う必要があるため、コスト試算においては、初年度の導入コストだけではなく、毎年の運用コストも検討の対象に入れなければならない。

Legal Tech サービス紹介①

クラウド型CLM「ホームズクラウド」

ホームズクラウドは、クラウド型のCLM（Contract Lifecycle Management）システムです。

契約＝法務という印象が強いため、契約に関するテクノロジーはリーガルテックと総称されます。しかし、実際には契約業務にかかわるのは法務部門だけではありません。取引を所管している事業部門はもちろん、経理・総務といった管理部門、さらには取引先など、登場人物は多岐にわたります。その結果、契約業務は各社各様でガラパゴス化しがちであり、DXの流れからも取り残されるおそれがあります。実際、不適切な契約業務が原因で収益の平均９％の損失が生じているという調査レポートが出されるなど、契約業務が企業の事業成長のボトルネックとなりかねません。そんな中、米国を中心として、契約業務全体の効率化・自動化を実現するソリューションとして、CLMが注目されています。また、コロナ禍の影響によ

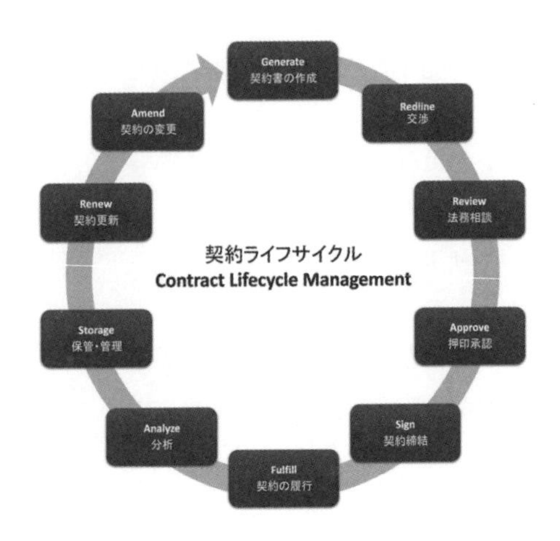

るリモートワークやフレックス勤務の普及に伴い、場所を選ばない働き方を可能とするクラウドサービスのニーズが高まっています。

ホームズクラウドは、クラウド型の契約業務プラットフォームとして、法務部門のオペレーションを改善するとともに、事業部やその他の管理部門を巻き込んだ契約業務全体の効率化を実現することで、企業全体の生産性向上を支援します。

◆法務相談の効率化とナレッジマネジメント

ホームズクラウドを利用することで、法務相談業務の効率化とナレッジマネジメントを同時に実現できます。

ホームズクラウドの相談受付機能を使うことで、事業部からの法務相談や契約審査依頼などの受付窓口の一本化が可能です。また、カテゴリごとにあらかじめ相談フォームを作成して、相談者に必要情報や参考資料をあらかじめ入力・添付させることができるため、相談受付後の無駄なやりとりを減らせます。カテゴリごとに回答担当者を定められるので、担当者をアサインする工数を減らすことも可能です。

相談受付後、相談者とのコミュニケーションをそのままクラウド上で行えるだけでなく、相談者に見えない形で、法務部内でやりとりして記録として残しておくことも可能です。これにより、社内でのメールでのやりとりを減らせるだけでなく、相談履歴をやりとりとともに資産として蓄積・活用する基盤となります。相談受付とその後のコミュニケーションを同じシステム上で一気通貫で行うことにより初めて実現できる、法務組織の強力な武器となります。

なお、法務部門のオペレーションを可視化し、定量データに基づく業務改善を可能とするための機能として、ホームズクラウド上で受け付けた相談の処理件数や処理日数に関するデータを出力したり、BI（Business intelligence）ツールと連携させるテクノロジーについて、検討を現在進めています。

◆契約書の作成・レビュー業務の効率化

ホームズクラウドを利用することで、契約書のWordファイルをホームズクラウド上にアップロードするだけで、Wordファイルの編集、ファイル管理、バージョン管理を効率化できます。

これまで、Wordファイルは、メール、チャット、共有サーバ、ローカルフォルダなどに散在していたため、最新版の把握やバージョン管理のために無駄な作業が発生していました。しかし、ホームズクラウドを利用すれば、クラウド上にアップロードするだけで簡単にバージョンが管理でき、いつでも過去のバージョンをダウンロードできます。さらに、ホームズクラウド上からWordを起動してシームレスにファイルを編集し、保存ボタンを押すことで編集後の最新版がホームズクラウド上に保存されます。

ホームズクラウド上に保存されたさまざまな情報（相談、契約書、契約等）を検索が可能です。さまざまなタグ情報を柔軟に埋め込むことができ、目的の情報に簡単にたどり着くことができます。

◆電子契約による効率化

ホームズクラウドは、自社の電子契約機能に加えて、クラウドサイン等の他社電子契約サービスとの連携機能を標準実装しているため、印刷・郵送・押印等の手間をなくし、契約締結のリードタイムを短縮しながら、印紙代も削減できます。

もっとも、電子契約を導入することによって、社員が必要な手続を経ずに電子契約を締結できてしまうなど、従来型の印章管理や決裁規程では対応できない新しい問題が生じます。しかし、ホームズクラウドは、押印承認機能を搭載しているため、事前に定められた承認フローを経なければ電子契約ができないように制御することができます。また、社員ごとに締結権限を付与するか否かなども柔軟に設定できます。

◆一元的な契約管理

企業規模が大きくなればなるほど、契約書が各事業部で管理されており、全社的な契約管理ができていない場合も見受けられます。また、電子契約の普及に伴い、紙の契約書と電子契約が混在したり、さまざまな電子契約サービスが乱立していることが原因で、契約管理がより煩雑になったとの不満の声も出始めています。その結果、トラブル発生時に契約書が見つからない、契約の最新状況がわからない、関連資料が見つけられないといった危機的状況に陥る恐れがあります。

ホームズクラウドは、紙で締結された契約書か電子契約か、また、いかなる電子契約サービスで締結されたかにかかわらず、契約書データをクラウド上で一元管理することを可能にします。さらに、さまざまな項目による検索や絞り込みができるため、必要な契約書に素早くたどり着けます。また、柔軟な閲覧制限が可能なため、守秘性の高い契約書も安心して保管できます。作成中の契約書のステータス管理、関連する契約書・ドキュメントなどの情報の紐付けなども可能で、企業ごとに異なるさまざまな契約管理の要求に対応しています。

◆事業部門にも使ってもらいやすいUIと機能

法務部門にとって大きなメリットのあるシステムだとしても、事業部門にとっての使いやすいものでなければ、法務主導でシステム導入を成功させることは困難です。ホームズクラウドは、直感的に利用できるUIを採用しているため、契約の専門家ではない事業部門の社員であっても、迷わず素早く簡単に契約業務を行えるようになります。例えば、法務相談について、自分が行った相談をステータスとともに一覧で確認したり、相談先や記入事項を迷わず行うことができます。また、テンプレート機能を利用すれば、契約について詳しく把握していない方でも、申込書や雇用契約書など、大量に発生する定型的な契約書を、ミスなく素早く簡単に作成することが可能です。また、CSVファイルから大量の契約書を一括作成し、締結依頼を各送付先へ一斉にメール送信できる機能により、同時発生する大量の同種契約の作成・締結の大幅な効率化が実現できます。

◆システム間の連携を実現するAPI

基幹システムやワークフローシステムなど、企業内にはさまざまなシステムが導入されているため、新規システム導入の際にはシステム間の連携が重要となります。ホームズクラウドはAPIを公開しており、さまざまな契約情報を既存のシステムと連携することが可能です。

◆万全なセキュリティ

いくら便利なサービスであっても、セキュリティが堅牢でなければ導入することはできません。ホームズクラウドは、SCIMユーザプロビジョニング、アクティビティログ、定期的なデータバックアップとディザスターリカバリ対応、改ざん防止、通信経路の暗号化、アカウントロック、IPアドレス制限、パスワード強度設定、SAML認証連携など、守秘性が高く企業の大切な資産である契約データを安心して保管することができます。

なお、ホームズクラウドを提供している株式会社Holmesは、国際規格である情報セキュリティマネジメントシステム（ISMS/ISO27001:2013）の認証を取得しています。

◆システム導入を成功させるための手厚いサポート

グループウェアや営業支援システムなどと同様に、CLM についても、ただ導入すれば一朝一夕に効果がでるというものではありません。システム導入を契機として、業務フロー全体の見直しや規程類の改訂、さらには既存の契約書のシステムへの取り込みなどを行って初めて大きな効果を得ることができます。ホームズクラウドなら、導入支援専門のチームが、社内利用が起動に乗るまでのプランニングやサポートなどのサービスがあるため、システム導入失敗のリスクが軽減できます。

◆利用料金の目安

ご利用方法・範囲に応じて個別にお見積もりをご提示いたします。なお、月額利用料金の目安は、100 名以下で 20 万円から、101 名〜1,000 名で 30 万円から、1,001 名以上の企業様は個別にご相談ください。

株式会社 Holmes
https://www.holmescloud.com/

Legal Tech サービス紹介②

契約データベース「MNTSQ for Enterprise」

MNTSQ は、「未来の社会インフラとなるリーガルテクノロジーをかたちにする」ことをミッションとして 2018 年 11 月に設立された企業です。自然言語処理分野の資本技術提携をした PKSHA Technology 社 (パークシャテクノロジー社) の技術と、長島・大野・常松法律事務所の法務的な知見を活用し、大企業向けに契約業務全体をデジタル化する契約データベース「MNTSQ for Enterprise」を提供しています。

「MNTSQ for Enterprise」は、大企業の契約関連業務全体のデジタル化を推進するサービスです。契約データを集約して契約管理を自動化するだけではなく、ナレッジマネジメントによる契約業務の効率化、ドラフティングの自動化、交渉スタンダードの「見える化」まで踏み込んで行うことで、契約関連業務のデジタルトランスフォーメーションを実現します。トヨタ、コマツ、福岡銀行などの大手企業に参画いただきながら、2020 年 6 月より実証実験を開始し、2020 年 12 月より一般提供を開始しています。実証実験に参画いただいた企業様からは、実際に契約検討業務の約 40%を効率化できた、という声もいただいています。

◆契約業務が抱えていた長年の課題「ナレッジマネジメント」

大企業の契約業務では、暗黙知となっている過去のデータやナレッジの共有がうまくいかず、現場では業務が属人化し、経営からはリスクの全体像が見えづらい傾向がありました。過去の経緯や交渉方針、有用なサンプルに関する知識が属人化しがちであり、担当者の経験値をチーム全体に還元することが難しい分野だと言えます。

新型コロナウイルスの感染拡大を受け在宅勤務が進んだことで、対面のコミュニケーションは少なくなり、契約業務をデータに基づき「見える化」する重要性がますます高まっています。加えて、契約の電子締結が浸透してきたことで、複数の電子契約サービス間でどのように契約データを集約し、電子帳簿保存法に対応するのかなどの新しい論点も出現してきています。

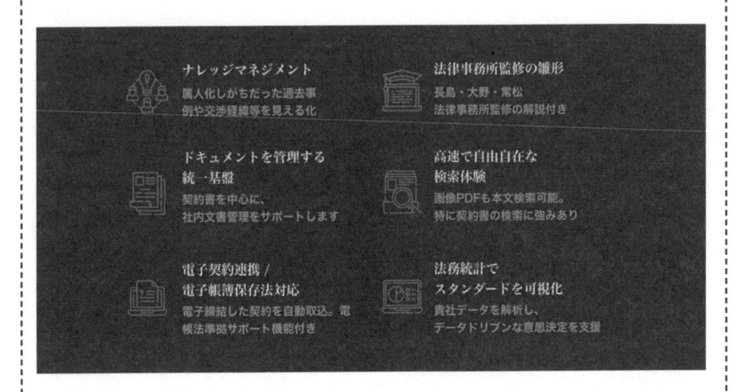

◆契約書をとりまく環境が変わり、システムでナレッジマネジメントを支援することが可能になってきた

これまで、契約業務のナレッジマネジメントが難しかった理由は大きく２つ挙げられます。１つ目は、契約書データを社内から集約することが難しかったこと。２つ目は、契約書データが集められたとしても、コンピュータがそれらのデータをうまく扱えなかったことです。しかし、これらの問題は、契約書をとりまく技術的な環境が変わってきたことによって、解決ができるのではないかと我々は考えています。

１）電子契約などのクラウドサービスと連携することで、契約書を集約できるようになった

大企業の契約業務においても、さまざまなクラウドサービスを利用するケースが増えてきています。OneDrive、Box 等を使って契約書を共有している企業や、SharePoint や自社システムを利用して案件の管理や契約審査を行っている企業が増えてきています。また、クラウドサービスの中でも電子契約サービスと呼ばれる、デジタル上で契約締結ができるサービスは、破竹の勢いで普及していま

す。

MNTSQ for Enterpriseでは、これらのクラウドサービスと連携するための仕組みを備えています。MNTSQとファイルストレージのサービスを連携すれば、ストレージにアップロードされたファイルが自動的に取り込まれるようになりますし、電子契約システムと連携させることで、自動で締結済の契約書データを保管できるようになります。

「一つの」ではなく「複数の」電子契約システムと同時に連携できることもポイントです。電子契約サービスは、取引先の採用するサービスが会社ごとに異なる可能性がある以上、特定のサービスに一本化して運用をすることが困難です。ただし、複数の電子契約サービスを併用すると、締結済の契約書が複数箇所に散在してしまうことになります。こうなってしまうと、電子帳簿保存法上の要件を満たせるようなオペレーションの構築もやりにくくなってしまいます。

MNTSQ for Enterpriseは、複数の電子契約サービスから横断的に締結済契約書を収集して管理できるプラットフォームとなるべく、さまざまな電子契約サービスとの連携を進めています。

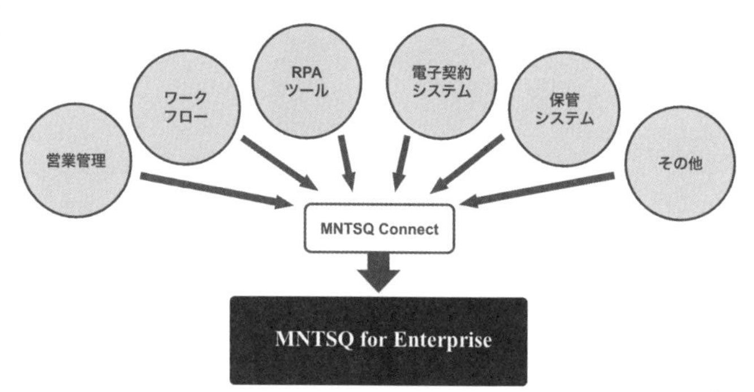

自動連携の「MNTSQ Connect」で、各種システムと連携することが可能
（対応範囲は現在拡大中）

2）機械学習技術を活用することで、コンピュータが契約書の「内容」を解析できるようになった

契約書データはコンピュータにとって取扱いの難しいデータでした。例えば、締結済の契約書は、スキャンされた「画像の PDF」の形態でデータを扱うことが多いと思います。しかし、画像データだと、どういう文字が書いてあるかをコンピュータがそのまま認識することはできません。そのため、こういった PDF ファイルでは、タイトルでしか検索ができず、中身の本文データを検索することができませんでした。

また、Word など画像ではないテキスト形式の契約データがあったとしても、それらのデータの内容まで踏み込んだ処理をすることはコンピュータには難しいことでした。例えば、ある契約書があったとき、その契約書はどういう種類の契約で、どういう条項が規定されていて、誰が契約の当事者なのか、といったような内容は、人間が目で見なければ判断ができませんでした。

MNTSQ では、これらの課題に対応するため、契約書特化の OCR[*1] 技術や、契約書の自動分類・タグ付け機能を自社開発しています。この技術を使うことで、画像の PDF ファイルであっても、高い精度で文字に直すことができるようになります。さらに契約書の中身を解析することで、自動でさまざまなタグをつけ整理・分析をすることができるようになりました。

例えば、ある契約書を MNTSQ for Enterprise にアップロードすると、自動的に「この契約書は XXX 社との賃貸借契約で、契約締結日は 202x 年 xx 月 xx 日、任意解約権や損害賠償の責任制限条項がついている」といった情報を付与し、横断的に検索したり、グラフで全体像を「見える化」することができます。

これらの情報を元に、取扱いの難しかった契約データを「ナレッジ」に変換することで、契約業務全体を効率化するとともに、契約交渉や法務リスクの分析においてデータドリブンな意思決定をすることが可能になります。また、長島・大野・常松法律事務所監修の

ひな形集のデータを合わせて提供することで、自社のデータだけを解析してもわからない、ほんとうにこの契約を信頼してよいのか、マーケットのスタンダードはどういうものか、という疑問にも答えられるようになっています。

こうした環境の変化は、実は法務部にとっては、企業の中の法務機能そのものを強化するチャンスだと考えています。MNTSQ for Enterpriseを利用することで、契約データの管理と、契約ナレッジの集約という2つの問題を1つのシステムで解決することができます。このような「契約検討に関わる人が、使っていくうちに自然とナレッジの蓄積と共有ができる仕組み」を構築することで、大企業の契約検討業務の高品質化、効率化が可能だと考えています。

＊1）Optical Character Recognition/Readerの略で、光学文字認識のこと。活字、手書きテキストの画像を文字コードの列に変換する技術。

MNTSQ株式会社
https://www.mntsq.co.jp/

PART9

AI 契約書審査

1 AI 契約書審査サービスの導入

契約書に対する考え方については、法務関係者によってさまざまな見解があり、まさに議論百出の分野である。私自身の契約書に対する考え方は、ある意味、割り切った考え方で、契約書について単純に契約条項を組み合わせたパズルのようなものとして捉えており、ひょっとするとこの捉え方は、法務業界の中では異端かもしれない。また、別な観点から見ると、年間に審査される契約書の件数は、膨大な数でありながら、トラブルが発生する件数は少なく、ある意味、いくら契約審査にコストをかけても、あまりリスク軽減に寄与しないのではないかと考えている。したがって、契約書審査については、AI というテクノロジーを使って業務の生産性を高めることが、法務部門にとって何よりも重要なミッションであると考えている。

現在、AI 契約書審査サービスは、LegalForce、リセ、AI-CON、LAWGUE、MNTSQ、LawFlow 等のベンダーが提供しており、ベンダー自身のナレッジを使って契約審査を行うサービス（契約審査総合型）と、導入会社が過去に審査・締結した契約書データを検索して関係する契約条項を比較するサービス（契約条項比較型）に大別される。契約審査総合型サービスを LegalForce、リセ、AI-CON、LawFlow 等が提供しており、契約条項比較型サービスをLAWGUE、MNTSQ等が提供している。多くのベンダーは、Proof Reading機能、契約書の差分比機能、契約条項検索機能、契約書雛形掲載等の付随サービスを提供しており、驚くほど機能が進化するスピードが早いという特徴を持っている。また、契約条項比較型サービスを提供しているベンダーは、契約審査総合型サービスとの差別化を図るため、自らのサービスを文書編集機能と検索機能に特化したエディタサービスとして定義し、契約審査総合型サービスよりも少しコストを下げてサービスを提供している。

現在のところ、LegalForceは、契約審査に対応できる契約書類型が豊富で、かつ提供するサービスの品質が高く、契約審査の精度に加えて文書編集等の機能も充実しており、業界の中で頭一つ抜け出した存在となっている。また、サービス導入後、フォローアップセミナーを導入企業ごとに随時開催する等、ユーザーに対する支援体制も充実しており、その結果として顧客満足度が高く、私自身もLegalForceのサービスを利用している。さらに、積極的に開発投資が行われていることから、サービス機能の進化が続いており、そのスピードが速いため、半期に1回程度はコミュニケーションを取ってその進化を確認している。

一方でリセは、提供するサービスの機能を最小限度に絞り、思い切った低価格でAI契約書審査サービスを提供しており、契約審査にコストをかけることができない企業にとって魅力的なサービスとなっている。特に法務関係の予算が少ない会社や法務担当者がいない会社では、契約リスクを把握するためのツールとして、リセの利用をお勧めする。さらに、リセのサービスは、英文翻訳の精度が非常に高いという特徴があり、私自身は、契約書等の法律文書の翻訳サービスとしてリセを活用している。

[2] AI契約書審査サービスの活用

現在、日系企業でAI契約書審査サービスを導入している企業は多いが、どのように実務で活用していけば効果が出るか、各社ともに試行錯誤を行っている状況にある。具体的な活用方法としては、法務担当者に代わってAI契約書審査サービスを全面的に活用してレビューを実施する方法（生産性の改善）、法務担当者が自身のレビュー結果のチェックのためにAI契約書審査サービスを活用する方法（品質のチェック）、Proof Reading、契約書の差分比較、契約条項検索、契約書雛形掲載等の支援サービスを活用する方法（支援ツール）に区分することができる。

AI契約書審査サービスの導入企業にとっては、これらの多彩な機能をどのように使いこなしていくかが課題であり、方向性としては、契約条項のバリエーションの少ない定型契約や重要性の低い契約類型は、生産性の改善を目的としてサービスを活用し、バリエーションが多く重要性が高い契約類型は、品質チェックを目的としてサービスを活用することが望ましい。

法務部門の契約審査業務に対するマネジメントを考えてみると、すべての契約類型に100%の精度を求める必要はなく、70%～80%の精度で良い部分を抽出してAI契約書審査サービスを活用すると、大きな生産性の改善効果が生まれる。AIの特徴をつかみ、定型性、均一品質、大量処理というメリットを生かすことが最大のポイントであるといえる。また、活用方針を法務担当者に徹底する必要があるため、管理者の指導力も求められる。

契約審査業務のマネジメントに対する考え方とその指導力が、法務部門におけるAI契約書審査サービスの活用に大きな影響を与える。

＜契約類型による違い＞

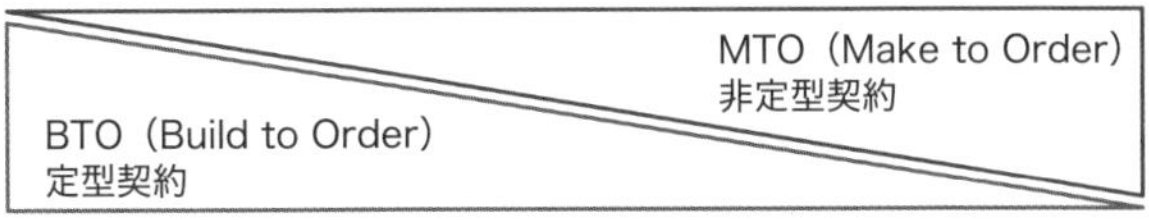

	BTO（Build to Order） 定型契約	MTO（Make to Order） 非定型契約
業務区分	均一な業務 効率追及型	個別対応が必要な業務 創意工夫型
対応方法	業務全体の標準化 生産性の追求	個別業務スキルの向上 品質の追求
業務量	全体の８０％	全体の２０％
AIの視点	生産性の改善・支援ツール	品質チェック・支援ツール

3　ガイドラインの活用

AI契約審査サービスの活用については、法務担当者がAI契約審査サービスを利用する際に参照するガイドラインを定めて、法務担当者への周知を行うと、より大きな効果を発揮することができる。具体的には、法務部門で審査を行っている契約類型を分析し、それぞれの契約類型ごとに、生産性の改善、品質のチェックのいずれを選択するかについて基準や考え方を統一しておくと、契約審査実務への浸透が図りやすい。また、ガイドラインの中に自社雛形のある契約類型を参考として加えておくと、差分比較機能を使える対象が明確になり便利である。

もう１つの視点として、契約書には、契約書ドラフト作成という前工程と契約交渉という後工程がある。前工程は、ドラフトを作成して最適な契約条項を選択するという作業であり、一方で後工程は、ドラフトを修正するために過去の契約条項のバリエーションを検索するという作業であり、それぞれ違った作業目的があるため、AI契約書審査サービスの活用方法が異なっている。それぞれ、前工程では契約条項を最適化するための機能が求められており、後工程では契約条項のバリエーションを容易に検索するための機能が求められる。

ガイドラインを作成して周知を行っても、一部でAI契約書審査サービスを利用しない法務担当者が残る。新しいテクノロジーの導入に抵抗する職人かたぎの法務担当者であることが多い。過去の歴史を見ると、このような行動をとり続ければ、いずれ淘汰される運命にあることから、早めに気づかせることが重要である。2045年、AIが人間を超える時代（シンギュラリティ）がすぐそこまで来ている。

いずれにしても、AI契約書審査サービスを有効に活用し、契約審査業務の生産性を高めるためのポイントは、活用のためのガイドラインを整備することにある。また、AI契約書審査サービスをどのように活用していくかについて、管理者と法務担当者とが意思統一を図ることが重要であるといえる。

＜契約審査の前工程と後工程＞

前工程	後工程
・ドラフト作成 ・契約条項の選択 ・最適化	・ドラフト修正 ・契約条項のバリエーション ・検索性

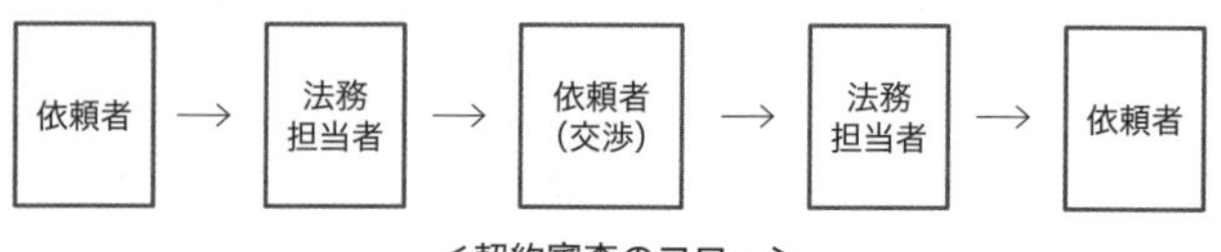

＜契約審査のフロー＞

< AI契約書審査ガイドライン　事例>

契約書の種類		利用目的		差分比較
大分類	小分類	生産性の改善	品質チェック	当社雛形
秘密保持契約書	秘密保持契約書	◎	△	○
取引基本契約書（当社製品を販売するための契約書）	取引基本契約書（当社製品を販売するための契約書）	△	◎	○
取引基本契約書（他社製品を購入するための契約書）	取引基本契約書（他社製品を購入するための契約書）	◎	△	○
業務委託契約書	コンサルティング契約書	◎	△	
業務委託契約書	研究開発委託契約書	△	◎	○
業務委託契約書	顧問契約書	◎	△	
業務委託契約書	産業廃棄物処理委託契約書	◎	△	○
業務委託契約書	保守契約書	◎	△	○
業務委託契約書	業務委託契約書（その他）	◎	△	○
製造委託契約書（当社が委託するものおよび受託するもの）	製造委託契約書（当社が委託するものおよび受託するもの）	◎	△	○
ライセンス契約書	ライセンス契約書	△	◎	○
共同開発契約書	共同開発契約書	△	◎	○
販売代理店契約書	販売代理店契約書	◎	△	○
賃貸借契約書	賃貸借契約書	◎	△	○
会社法関連契約書	委任契約書（役員等）	◎	△	○
会社法関連契約書	責任限定契約書（社外取締役等）	◎	△	○
会社法関連契約書	M&Aに関連する契約書	△	◎	
その他	使用貸借契約書	◎	△	
その他	労働者派遣契約書	◎	△	○
その他	土地売買契約書書	◎	△	○

④ AI契約書審査サービスに対する考え方

AI契約書審査サービスのトライアルを行うと、まだまだ精度が低く現場への導入は時期尚早であるという声を聴くこともある。しかし、この考え方は誤っており、AI契約書審査サービスは、あくまでも法務担当者の業務支援ツールであり、人間による契約審査業務がすべてシステムに置き換わることはないと考えられる。

要するに、現在、企業の審査業務は、20%がAI契約書審査サービスの能力、80%が法務担当者の労力を活用して行われていると仮定すると、これが近い将来、80%がAI契約書審査サービスの能力、20%が法務担当者の労力を活用して行われる時代が来ると予想される。仮に契約審査業務の50%がAI契約書審査システムの能力をベースにできる状態になれば、法務スタッフの業務コストは、契約書1通当たり半分となり、全体で見ると大きく処理コストを削減することができ、生産性も大きく高まることが予想できる。

ここ2年間におけるAI契約書審査サービスの進化は目覚ましく、半年ごとに大きく機能が進化しており、これからさらに大きな進化が期待できる。また、最近は契約審査だけではなく、文書編集機能やパフォーマンス管理機能も搭載されており、周辺機能の拡大も期待できる状況となっている。

今まさに各ベンダーの提供するAI契約書審査サービスの初期モデルが完成しつつあり、これからさらなる発展が期待されている。一方でAI契約書審査サービスを使いこなし、業務の生産性と品質を高めていくためには、ある程度のスキルと経験を必要とする。今から取り組んでおかないと、時代の変化に取り残されガラパゴス的な法務部門になってしまうリスクがあるため、予算が厳しい場合は、小規模のライセンスを購入してトライアル使用を続けることや、リセ等の低価格サービスを導入することをお勧めする。

また、AI契約書審査サービスは、使い方を考えれば十分に実務で使えるレベルにあるため、法務部門の契約審査業務を進化させるため、積極的に導入することが求められている。おそらく5年後には、AI契約書審査サービスが法務部門の必須ツールになっているであろう。

Legal Tech サービス紹介③

契約書レビュー支援サービス「LegalForce」

株式会社LegalForceは、2017年4月に森・濱田松本法律事務所出身の弁護士、角田望（代表取締役 CEO）と小笠原匡隆（代表取締役 共同創業者）によって設立され、「全ての契約リスクを制御可能にする」というミッションのもと、法務部門／法律事務所向けの法務業務支援ソフトウェアを開発提供するほか、京都大学と共同研究を実施し、自然言語処理技術等を活用した独自技術の法律業務への応用を日々実践している。

法務部門は「法的リスクを統制し、企業価値の中長期的な向上」を図る重要な役割を負っており、その業務内容は多岐にわたる。代表例として定常的に発生する契約審査・交渉などの業務や、突発的に発生するM&A、紛争やコンプライアンス事案対応業務などが挙げられる。

近年グローバル化やデジタル化が進み、法規制の複雑性が増しており、その難易度は上がっている。加えて新規事業開発なども盛んであり、前例がなく法整備がなされていない事案についても法的見解が求められるなど、法務部門の守備範囲は急速に拡大している。

このように、法務部門の役割は大きく拡大する一方で、十分なリソースがないことも多く、限られた人員で急拡大する業務への対応を余儀なくされていることも多い。

LegalForceは企業法務を担う法務部門／法律事務所が時代の要請に応え「法的リスクの統制による中長期的な企業価値の向上」という役割を果たし、ビジネスをリードする存在となることをサポートしていきたいと考えている。

本書では2019年4月より正式版の提供を開始した、AIで契約書レビューを支援するソフトウェア「LegalForce」を中心に、2021年1月より正式版として提供を開始した契約書管理システム「Marshall」についても触れながら、法務部門における次世代型のソリューションを提案する。

◆「全ての契約リスクを制御可能にする」

前述のとおり、LegalForceは「全ての契約リスクを制御可能にする」というミッションを掲げている。ここには以下の意味が込められている。

LegalForceの製品を導入してくださった顧客の契約書業務における全工程において契約リスクを制御できるような製品を開発していくこと、そして顧客の「全ての」契約リスクを制御可能にしていくことである。

契約書業務は、大まかに、①案件の依頼、②契約審査、③契約締結、④契約管理・参照の４つで構成され、それぞれの工程にリスクが存在している。

AIで契約書レビューを支援するソフトウェア「LegalForce」は、これらのうち、②契約審査に潜むリスクを制御するためにつくられたプロダクトである。これに対して、契約書管理システム「Marshall」は、④契約管理・参照に貢献することを目的としている。

③契約締結については、「GMO サイン」などの電子契約サービスとの提携によって補完している。今後は、顧客のニーズを踏まえながら、①案件の依頼の部分をカバーするシステムの開発も検討していく。

これらの各システムを通じて、LegalForce の提供するサービスを利用する顧客の全ての契約リスクを制御可能な状態としていくことが、LegalForce の目指すところである。

◆「レビュー品質を守りながら、契約法務を加速。」

AI による契約書レビュー支援サービス「LegalForce」

AI による契約書レビュー支援サービス「LegalForce」は法務プロフェッショナルである企業の法務部門に所属する法務担当者、または法律事務所の弁護士をユーザーとして想定するプロダクトである。

法務プロフェッショナルが「法的リスクの統制による中長期的な企業価値の向上」という役割を果たすには、重要かつ日常的に発生する契約書審査業務の審査品質を担保すると同時に迅速に対応すること、そして契約書にとどまらず幅広な領域で法務の知見を生かして活躍していくことが求められる。

しかし、実際には、契約審査業務において、品質の担保と迅速な対応を両立させることは容易ではない。「LegalForce」は本来的には難しい、品質と迅速な対応を両立させ、「レビュー品質を守りながら、契約法務を加速」することを実現すべく開発された製品である。

ここからは「LegalForce」の具体的な機能を紹介していく。

□抜け漏れを瞬時に発見しリスクを指摘する、契約書「自動レビュー」

－契約書ファイル（Word/PDF に対応）をアップロードするだけ

で、AIが瞬時に契約書に潜む不利な条文や欠落条項、抜け漏れを指摘。条文例や解説まで表示。

－英文契約書を含む約40種の契約類型に対応。

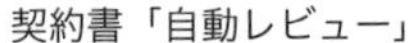
契約書「自動レビュー」

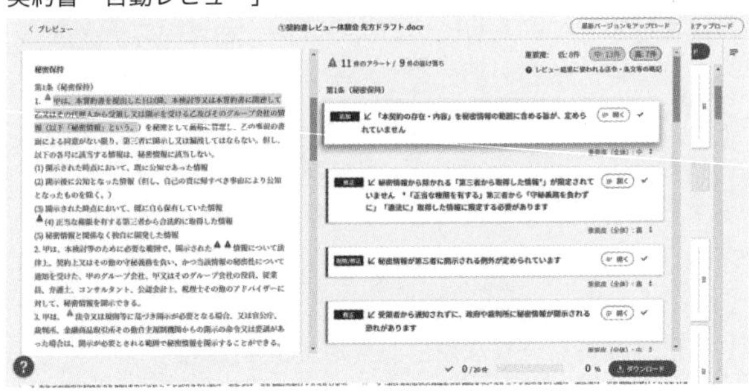

□類似契約書と瞬間突合できる「差分比較」

－２つの異なる契約書の似ている条項同士を隣り合うように自動で並び替えて表示。

－差分をハイライトで表示。

－過去の類似契約書や、自社ひな形と相手方の提示した契約書との比較も一瞬で可能。

－対照表をWord／Excelでダウンロードすることも可能。

契約書「差分比較」

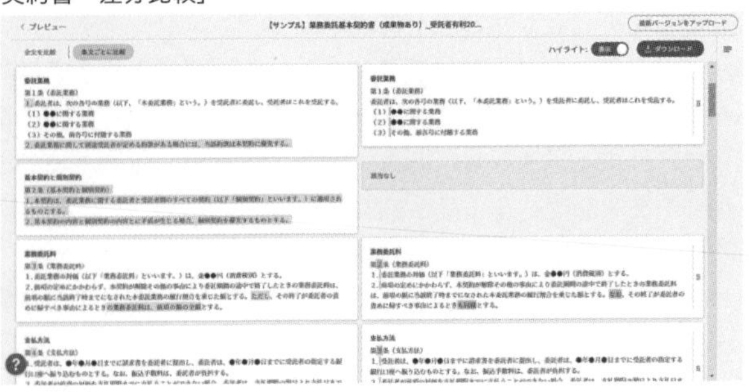

□社内の知見を有効活用する「社内ライブラリ」

ー過去の契約書を自動でデータベース化。バージョン管理機能やコメント機能も備わっているので、修正履歴や修正に関するやりとりの履歴まで一元管理が可能。

社内ライブラリ

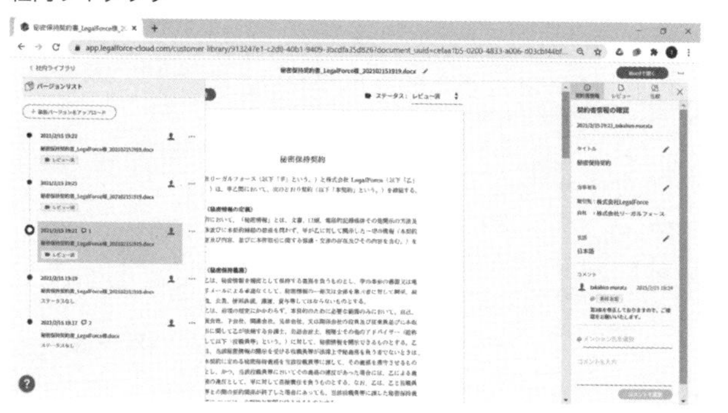

□条文単位での検索、欲しい条文がすぐにみつかる「条文検索」

ーキーワードを入力するだけで、自社のひな形や過去にレビューした契約書から欲しい条文を瞬時に検索。リサーチの手間を大幅に削減します。

条文検索

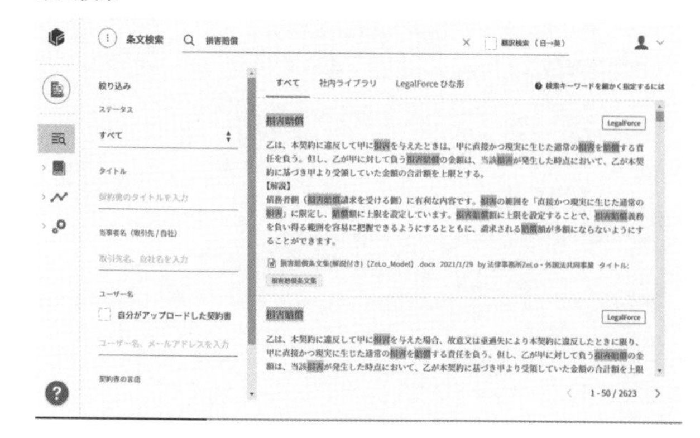

□ 480 点のひな形を自由に使える「LegalForce ひな形」

－企業法務に精通した法律事務所の弁護士が作成した契約書ひな形約 300 類型・480 点以上を搭載。全てのひな形を Word ファイルでダウンロードして利用可能。

LegalForce ひな形

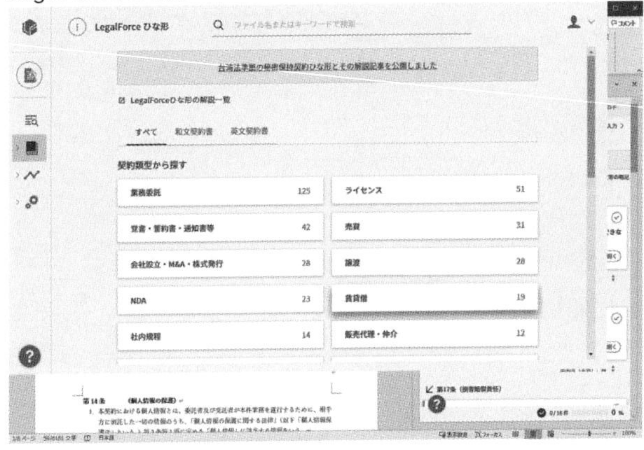

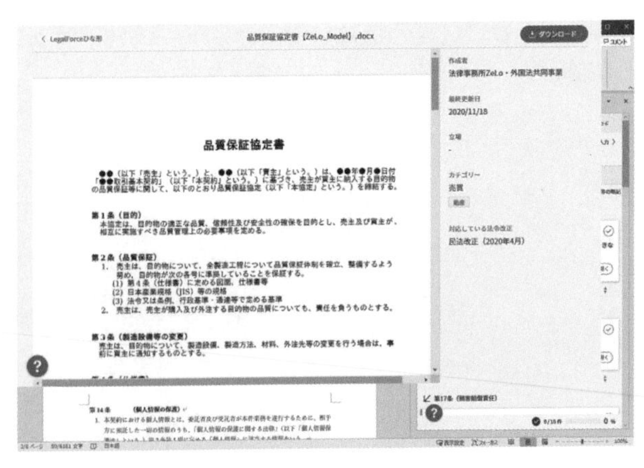

□ Word で使える「Word アドイン機能」

－ Word アドイン機能により、Web ブラウザを開かなくても Word 上で「LegalForce」を利用可能。

－条文の修正案もボタン１つで挿入可能。

Word アドイン機能

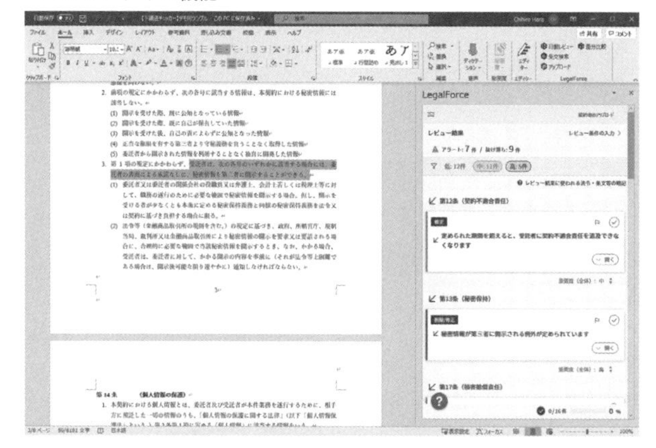

その他の多様な機能

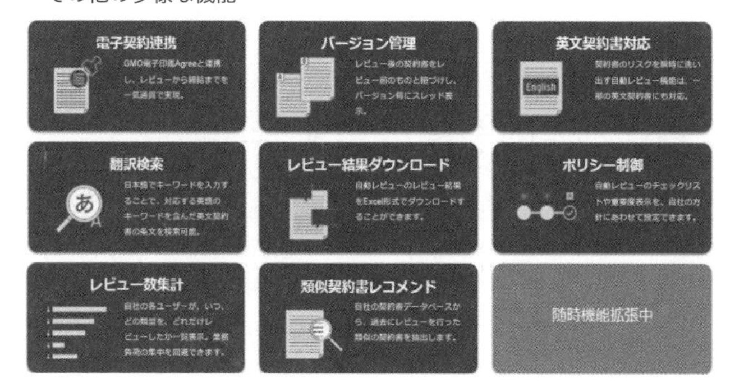

「LegalForce」導入により得られる効果としては次の点が挙げられる。

まずは、契約書レビュー負荷の軽減。契約書のチェックリストとの突合作業が一瞬で完了し、レビュー時間全体を場合によっては50%程度短縮することが可能となる（対応契約の単位レビュー時間）。

次に、レビュー精度の向上。条項の抜け落ちが正確に指摘されるためAIと人間による二重のレビューにより、全体のレビュー品質が向上する。

そして、リサーチの効率化。契約書レビュー時には、必要情報を検索する必要が生じるが、それらの時間を最大で80%程度短縮できるため、レビュー業務を大幅に効率化できる。

「LegalForce」は2018年4月にクローズドβ版、8月にオープンβ版、2019年4月に正式版の提供を開始し、今日に至る。その間、650社を超える企業、法律事務所に導入いただき、製品に対するフィードバックをいただきながら、機能改善と追加を繰り返してきた。

しかしながら、改善の余地は大いにある。レビュー精度向上、レビュー対応類型増加、多言語対応、誤字脱字のチェック、ナレッジシェアなど、自然言語処理技術をはじめとして、テクノロジーで対応できることはまだまだある。LegalForceは顧客の声を聞きながら、引き続き進化を続けていく。

◆「締結済みの契約書を自動で管理。いつでも見つかる。」

AI技術を活用したクラウド契約書管理システム「Marshall」

契約書は作成、締結して終了ではない。締結後も適切に管理し、検索して参照できるデータとして保管することが必要である。しかし、契約書を適切に管理することは容易なことではない。契約書管理が適切に為されていないと次のような課題が発生する。

・契約書を書棚に紙で保管している場合、契約書の確認のために出社する必要が生じる。
・同じ顧客と内容の矛盾する契約書を別の担当者が締結。
・契約書を管理する入力作業が膨大。

契約書をきちんと管理するためには、契約書の内容を確認し、エクセルに「契約締結日」、「取引先名」、「契約開始日」、「契約終了日」、「自動更新有無」、「解約通知期限」などの契約書情報を台帳化する必要があるが、膨大な工数が必要となる。

これらの課題を解決するために生まれたのが契約書管理システム「Marshall」である。「LegalForce」で培った自然言語処理技術を活かし、締結版の Word、もしくは PDF を「Marshall」にアップロードするだけで、契約書情報が抽出されてデータベース化される。全文が自動で文字起こしされるため検索も可能で、解約通知期限などはアラートで知らせる構想である。

「Marshall」は 2020 年 8 月にオープンβ版の提供が開始され、2021 年 1 月に正式版がローンチされたばかり。顧客の要望に沿って、さらに改良を重ねていく。

クラウド契約書管理システム「Marshall」

◆法務の未来と LegalForce の今後の展開

法務部門は近い将来、リーガルテックを使いこなし法務業務の品質を高め、高度なリーガルサービスを提供することで優位性を築くことが可能となる。長期的にはリーガルテックサービスが法務部門のパフォーマンスを左右するようになるかもしれない。これは Microsoft Word® や電子メール等が普及してきた歴史と重なる。

わが国の法務が世界から取り残されることなく、さらなる進化を遂げて社会を支え、法の礎が確固たるものとなるためにも、実務に根ざしたリーガルテックサービスを確立することが求められる。

LegalForce は、これから来る法務部門が自社に適したリーガルテックを選定し、武器のように使いこなす時代において、法務部門の最高の武器（Force）として、法務部門を強くサポートしていく存在でありたい。

※掲載されている情報は 2021 年 1 月時点のものであり、最新の情報とは異なる可能性があります。

株式会社 LegalForce
https://legalforce-cloud.com/

Legal Tech サービス紹介④

少人数法務支援サービス「りーがーるチェック」

「りーがーるチェック」は少人数法務を支援するクラウド型リーガルテックサービスです。AI による契約書等の自動レビュー、和文・英文契約書の機械翻訳、自社法務ノウハウの蓄積、契約済み契約書の管理などさまざまな機能を合理的な価格で提供し、契約業務のリスク軽減や効率化、コスト削減を強力にサポートします。

◆「りーがーるチェック」のこだわり

① 合理的価格

中堅中小企業にとって顧問弁護士を雇うのは経済的なハードルが高いため、契約書の作成からレビュー、管理やノウハウ共有までを実現するサービスとして、業界最低価格水準（弊社リセ調べ）となる月額２万円という価格帯での提供にこだわり、多くの企業が使いやすいということを重視しました。

②　品質へのこだわり

なお、AIによる自動レビューといっても、この種の契約書ではどのような修正をすべきという弁護士のノウハウの集積が前提となっているシステムです。弊社では出てくる助言の質や、将来の紛争を避けるために重要な箇所をお伝えすることに注力しています。具体的には、本稿執筆者である弊社代表の藤田の20年来の弁護士経験からのノウハウ、及び法律業界でのネットワークからの経験豊富な専門弁護士の監修により、各業務分野に即した高度かつ最先端な内容の解説等を盛り込み、製品開発を行っています。

③　国際契約への注力

さらに、弊社代表が国際紛争分野で蓄積してきた経験と、日本の善意の中堅中小企業が海外の企業に搾取されている事例をみた悔しさから、英文契約に強いサービスづくりにこだわっています。特に契約書の翻訳においては実際に利用している企業からは、高い評価をいただいています。

◆利用のメリット

「りーがーるチェック」の利用メリットは、大きくは①短い時間で該当する契約書類型のリスクを確認できる、②抜け漏れチェック機能、③探し物時間、作業時間の短縮、④業務の属人化の防止の４つに代表されます。

①短い時間で該当する契約書類型のリスクを確認できる

秘密保持契約書や取引基本契約書、代理店契約書、システム開発委託契約書など、契約書にはさまざまな類型がありますが、類型ごとに、争いになりやすいポイントや、大きな損害賠償を受けることにつながるポイントなどは異なります。

具体例を出しますと、秘密保持契約であれば、どこまでが守秘義務の対象となる秘密情報の範囲となるのかが重要です。例えば、ある企業と取引を開始しようと交渉を始めた際、その企業と交渉をしている事実そのものが秘密の対象となった場合には、交渉している事実そのものを口外してはならないこととなりますが、それに気がつかず、その企業の同業他社からコンタクトがあった際に、すでにこの企業と対話を始めているので、ちょっと待ってもらえますか、等と伝えてしまった場合、守秘義務に違反したこととなってしまいます。

また、販売店契約などでは、契約を終了した場合の、仕掛中の見込み顧客について、どのような引継ぎをするのか、これについての対価の発生はどうなるのか、といったポイントも重要となりますので、契約書に記載がない場合には、この点を話し合って明記しておくことで、後々の紛争を防ぐことができます。

このように、各契約書の類型ごとに、法務チェックをする中で重要とされるポイントは違います。

立場に照らして不利な条項のチェック機能

- 一般的に当該立場（例えば、請負の受託者側など）に有利な契約書と比較判断
- 不利な条項を瞬時に指摘

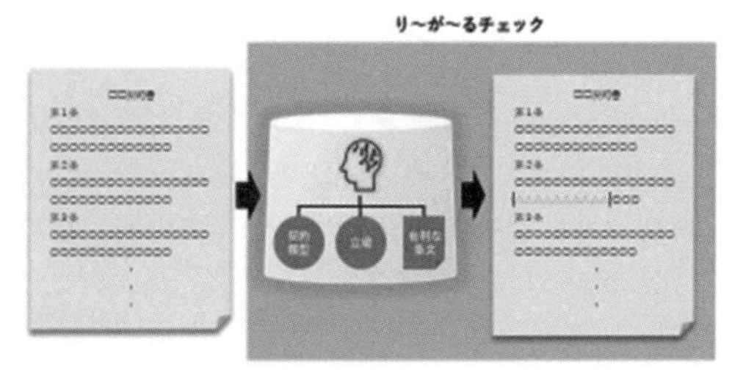

そのため、「りーがーるチェック」では、例えばIT関連の契約書（システム開発委託契約書やソフトウェアライセンス契約書）であれば、ITを専門とする弁護士の協力を得て、法務レビューにおいて重要な点（後に紛争になりやすいと言われる点）を設定し、これについての解説や代替の条文案の提示をしておりますので、短い時間で簡単に、レビュー対象の契約書について、その類型において特に気を付けたほうが良いポイントを確認することができます。

その結果、法務担当者（契約書の確認担当者）は、短い時間で、

その契約書の重要なポイントを修正し、大きなリスクの見落としなく、相手方への契約文言の修正案を作成することができます。

②抜け漏れチェック機能

また、契約書をレビューする際に弁護士や法務部の担当者が行っている作業の一つに抜け漏れの確認があります。つまり、相手方企業から提示された契約書においては、本来、例えば請負契約書の受託者側であれば入っていてほしいけれども、委託者側としては不利な条項は敢えて抜かれている可能性もあり、自社にとってあったほうが良い、なければならない条項が抜けていないかとのチェックは必須となります。しかしながら、実際に私も弁護士として契約書をチェックしていての実感ですが、書いてある不利な規定に気が付くよりも、現在は契約書に存在しない抜け漏れに気が付くほうが、難易度が高いように思います。そのため、多くの弁護士や法務担当者は、抜け漏れ確認のため、自社ひな形と比較したり、過去に締結した契約書と見比べたり、文献やひな形集を確認する作業をして、本来あるべき条項が抜けていないかを確認する作業に、相当の時間を費やしているのではないかと思います。

抜け漏れのチェック機能

- トピックとして抜け落ちているもの、条文の中で一部抜けているものを瞬時に指摘

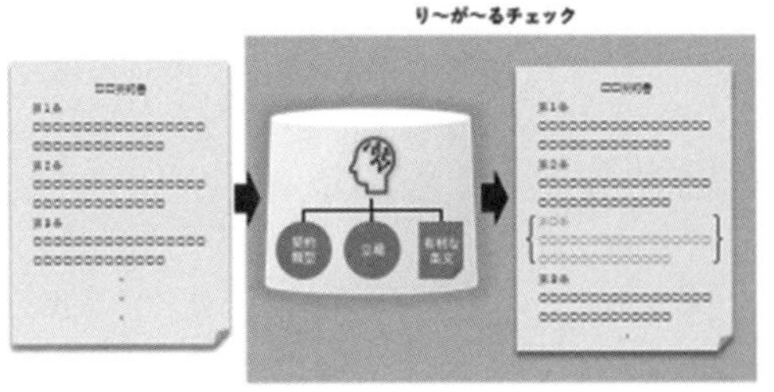

そのため、「りーがーるチェック」では、例えば請負契約書の受託者側であれば、あったほうがよいと思われるが、レビュー対象の契約書には入っていない条項を提示し、この抜け漏れチェックのために、他の類似の契約書を探し出してきて、何が抜けているかを確認する必要を削減しています。

③探し物時間、作業時間の短縮

私自身が20年来法務業務を行ってきての実感ですが、法務業務では、探し物時間が非常に長いです。具体的には、例えば訴訟業務であれば、類似の裁判例でどのような判断がなされているかを確認するために、膨大な量の裁判例を一つ一つ確認していったりしますし、株主総会等の準備でも、過去事例を調べたり、他社の株主総会招集通知を参考にすべくサンプルを集めて検討したりします。また、契約書レビュー業務でも同様で、すでに抜け漏れチェックのところでも述べましたが、抜け漏れを確認したり、修正すべきポイントを確認するために、多くの弁護士や法務担当者は、過去に締結済みの契約書や自社ひな形、文献やひな形集などから、類似の契約書を探し出してきて、これを横に並べて見比べながら作業することが多いです。しかしながら、探し出す作業というのは、よほど緻密に整理していない限り、どうしても記憶に頼らざるを得ず、探し出してくるところに時間がかかります。また、そもそも、契約書がデジタル化されていない場合などでは特に、一番参考になる過去の契約書を探し出せないこともあるのではないでしょうか。

その後、法務業務では、このように時間を使って集めた参考情報を元に、個別の事情に応じての問題点の抽出や整理、相手方との関係や背景事情を考慮したうえで、最適だと思う修正を加えて判断をしていくこととなります。この判断の部分は、個別の担当者の経験や法務スキルによるところも大きく、また、人ならではの高度な思考が必要となる部分ですので、ここは人がやるべき部分だと思います。

しかしながら、最後のカスタマイズに至るまでの作業、つまり、判断材料を集めていく作業というのは、一般的に、過去の類似事例を探し出したり、文献を探したり、インターネットで検索したりという作業が多く、頭を使うというよりは手を動かしているという業務となります。さらに、この種の探し物は、テクノロジーに向いている、テクノロジーが得意とする作業でもあります。

したがって、時間と手間はかかるものの、頭はあまり使わない作業である、「判断のために必要な情報を収集する」という業務の際に、テクノロジーを活用して、欲しい情報が直ちに手に入るように支援を受け、探し物時間を短くすることが業務の効率化には非常に重要です。

参考となる契約書との比較機能

- 自社契約書ひな型や、担当者が通常参照している契約書のサンプルなどを事前に登録
- ひな型を横に並べ替えて表示し、容易に比較対照可能にする
- ひな型にはあってレビュー対象となる契約書には抜けている条項も瞬時に指摘

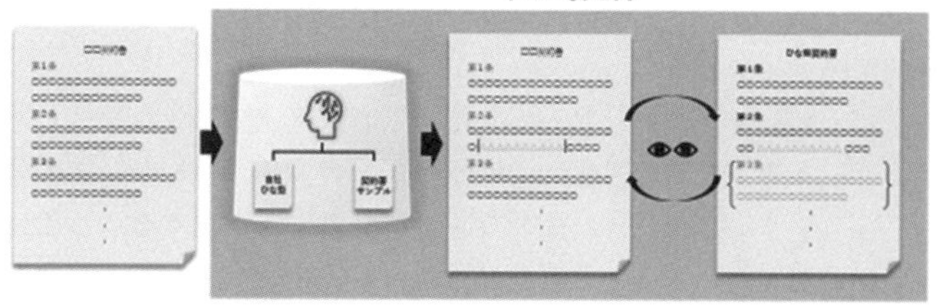

④業務の属人化の防止

法務業務は、従前から、当該担当者のスキルによるところが大きい業務で、当該担当者が辞めてしまうと、後任者にそのスキルの引継ぎが難しい業務でした。というのも、過去に経験した事例から、この製品の場合には、こういったトラブルが起こることが多いから、この条項に気を付けたほうが良いというようなノウハウが、担当者の頭の中であったり、担当者のデスクトップ上に保管蓄積されていっていたためです。

しかしながら、事例の蓄積は、会社の法務財産であり、社内の他の社員、例えば営業担当者や後任者も活用できることが理想です。

そのため、「りーがーるチェック」では、自社ひな形だけではなく、製品ごとの過去のトラブル事例や条項の修正例を登録して残すことできます。また、過去の契約書の条項の検索、参照もできますので、こういった情報、ノウハウを、スキルのある法務担当者だけ

ではなく、営業の社員や、経験の浅い後任者も参照することができます。これにより、あまり法務の実務経験がない方が業務を担当することになった場合でも、今までに蓄積された類似事例での経験ある法務担当者の判断を参照し、これに倣って同様の判断ができるようになります。

つまり、今まで、経験のある担当者の頭の中やPCにのみ蓄積されていたノウハウのようなものが簡単に共有できることとなるため、業務の属人化が防止され、担当者の判断の蓄積がノウハウとして共有されていきます。

◆利用のポイント

なお、弊社では、弊社サービスの利用者が上記効率化を達成できるよう、各専門分野の弁護士の監修の下、各契約類型において、争いになりやすいポイント、重要なポイントのみを指摘するよう設定しています。というのも、書籍に記載されるようなすべての論点をずらっと指摘した場合には、結局これらの論点をすべて検討するのに時間がかかり、時間効率化が図れないうえ、重要なポイントを見逃す恐れもあるためです。

弊社では、専門の弁護士が長年の経験から重視すべきと考えるポイントのみを指摘することで、業務効率化と共に、リスクの軽減を図ることに寄与していきます。

株式会社リセ　りーがーるチェック
https://lisse-law.com/check/

PART10

電子契約

1 電子契約サービスの導入

新型コロナウイルスの感染拡大による在宅勤務の増加に伴って、社内の捺印手続を見直し、電子契約サービスの導入を検討する企業が増加している。ただし、順調に運用できている企業は一部にすぎず、多くの企業は、運用に当たりさまざまな困難に遭遇している状況にあるといえる。なぜなら、電子契約サービスは、新しい仕組みであるため、このような不慣れな仕組みに抵抗感を持つ社員も多く、契約締結時にこちらが提案しても相手方が承諾しないケースも多い。

今後、少しずつ電子契約サービスが社会に浸透していけば、利用されるケースも増加していく。おそらく、これからしばらくの間、マーケットは、右肩上がりの状態が続くことが予想されることから、近い将来、捺印の件数よりも電子承認の件数が増えることは間違いがないといえる。

現在、電子契約サービスは、電子印鑑GMOサイン、DocuSign、CLOUDSIGN、Adobe Sign、NINJA SIGN等の数多くのベンダーがサービスを提供している。これらのサービスは、当事者署名型のサービスと事業者署名型（立会人型）のサービスに区分されており、いずれか一方のサービスを提供するベンダーと両方のサービスを提供するベンダーに分かれている。また、事業者署名型の場合、多くのベンダーのコストは、契約書1通当たり100円程度に設定されており、サービスの導入コストは驚くほど安い。特に電子印鑑GMOサインは、両方のサービスを提供しており、セキュリティーレベルも高く、コストも安いことから、私自身も利用してる。

② 電子契約サービスの区分

当事者署名型のサービスとは、公開鍵方式（PKI方式）と呼ばれる暗号技術に基づく仕組みの下、第三者である電子認証局が本人確認を行った上で発行した電子証明書を用いて各利用者が電子署名を行い、契約を締結するものをいう。ここでいう電子証明書は、認定認証業務による電子証明書と特定認証業務による電子証明書に分かれており、認定認証業務による電子証明書は、取得のための手続が厳格で証拠力が高いことに特徴がある。一方で特定認証業務による電子証明書は、事業者によって手続がまちまちで、証拠力も事業者によって異なっていることに特徴がある。

事業者署名型のサービスとは、利用者自身の電子署名を使用せず、別の方法で署名者の本人性や電子文書の非改竄性を担保する仕組みの下で契約を締結する方式をいう。例えば、利用者の指示に基づきベンダーが自身の署名鍵を用いて電子文書の暗号化等を行い、ベンダーの提供するシステム上で契約を締結させるものがその例である。

③ 電子契約サービスの証拠力

証拠力については、認定認証業務による電子証明書を用いた当事者署名型のサービスの証拠力が最も高いが、契約の両当事者がコストの高い認定認証業務による電子証明書を使うことは非現実的で、実務でこれを選択するケースはほとんどないと言ってよい。また、特定認証業務による電子証明書を用いた当事者署名型のサービスは、特定認証業務による電子証明書の証拠力自体がベンダーによってまちまちで、提供されているサービスの多くは、そのサービス専用の電子証明書を要求するため、相手方が利用する際のコストが高く、当事者間で反復継続した大量の契約締結が予定されていない限り、実務として利用することは難しい。したがって、事業者署名型のサービスをどの範囲で導入していくかを考えることが、企業にとって現実的な選択肢となっている。

現在、日本では、事業者署名型のサービスが主流となっており、行政サイドがQ&Aを出して、事業者署名型サービスの普及と浸透を支援する動きを見せていることから、今後は、事業者署名型サービスが主流になっていくと考えられる。一方で、電子契約は新しい仕組みであり、判例もないことから、運用リスクについて不明確な点もあり、一定の条件や範囲を設定して電子契約の導入を検討するケースが多い。

＜電子契約サービスのリスクとコスト＞

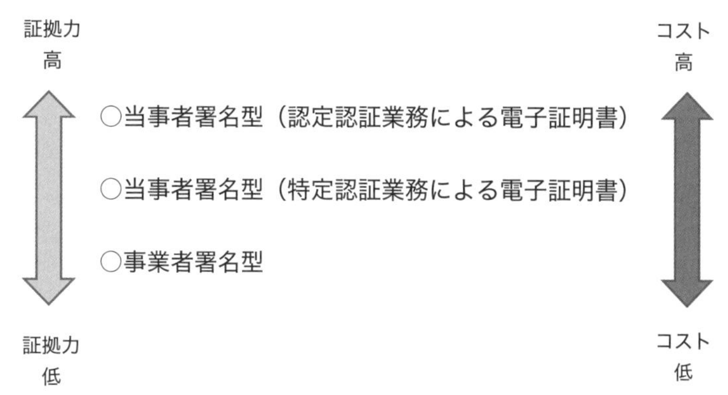

4 リスク管理

電子契約サービスの具体的な導入スキーム、事例、法令解説等は、『電子契約導入ハンドブック　国内契約編』、『電子契約導入ハンドブック　海外契約編』（いずれも商事法務、2020年）を参考にするとよい。この2冊は、電子契約サービスの導入と運用に必要な論点が網羅されている。

社内で電子契約サービスを利用する契約書の対象範囲を設定する際には、リスクの発生頻度と影響度を指標として設定し、電子契約サービスの運用リスクについて分析することをお勧めする。

一般的に電子契約サービスの導入と運用に伴うリスクの発生頻度は低く（3レベル）、またリスクの影響度は印章の種類に応じて変動することが多く、代表者印は影響度大（Aレベル）、事業部長印は影響度中（Bレベル）、部門長印は影響度小（Cレベル）と評価することができる。この評価結果と運用コストを分析し、社内における印章の使用割合や使用実態を調べて、最終的に電子契約サービスを導入する範囲を決定することが望ましい。さらに、調査の過程で社長印が多すぎることを発見するケースも多く、捺印権限ルールの見直しについても同時並行で行うことをお勧めする。

＜電子契約のリスク分析＞

			大　　影響度　　小		
			A	B	C
			社長印	事業部長印	部長印
高 発生頻度 低	1	今後発生する可能性が高い	A1	B1	C1
	2	今後発生する可能性がある	A2	B2	C2
	3	発生する可能性は低い	A3	B3	C3

5　電子帳簿保存法対策

電子契約サービスを導入すると、契約書は、紙の書面から電子データに変化するため、電子契約サービスの導入と同時に、電子帳簿保存法対策を検討しなければならない。電子契約データの保存に当たっては、電子帳簿保存法上、見読性の確保と検索性の確保が要求されている。

見読性の確保とは、電子契約データを整然とした形式かつ明瞭な状態で画面に表示し、速やかにプリントアウトできる状態にすることを意味し、検索性の確保とは、電子契約データの取引年月日、取引金額、相手方の名称を検索できる状態にすることを意味する。

電子契約データがデータベースで管理されており、契約書のデータが画面に表示され、プリントアウトできる状態になっていれば、見読性の確保の要件を満たしているといえる。一方で検索性の確保の要件を満たすためには、取引年月日、取引金額、相手方の名称を検索できる状態にする必要があり、実務上、取引金額を検索できるようにすることは非常に難しい。自社のベンダーを利用する場合は、自社ベンダーのデータベース機能を活用することが無難で、多くのベンダーのデータベースが両方の要件を満たしている。最も難しいのは、他社のベンダーを利用する場合で、自社ベンダーのデータベースが活用できれば、そのデータベースを活用することが無難である。もし、この対応が難しい場合は、電子契約データをプリントアウトして紙媒体で保存する必要がある。

もし、これらの運用が徹底されておらず、保存漏れがあれば、電子帳簿保存法違反となり、税務調査で指摘を受けるリスクも高く、コンプライアンス問題となってしまう。あまり深く議論されていない問題であるため、法令違反に気づかないケースも多く注意が必要である。対策としては、電子契約サービスの運用フローを整備してマニュアル化し、運用を社内で周知していくことが有効である。

＜電子契約サービスの運用フロー　事例＞

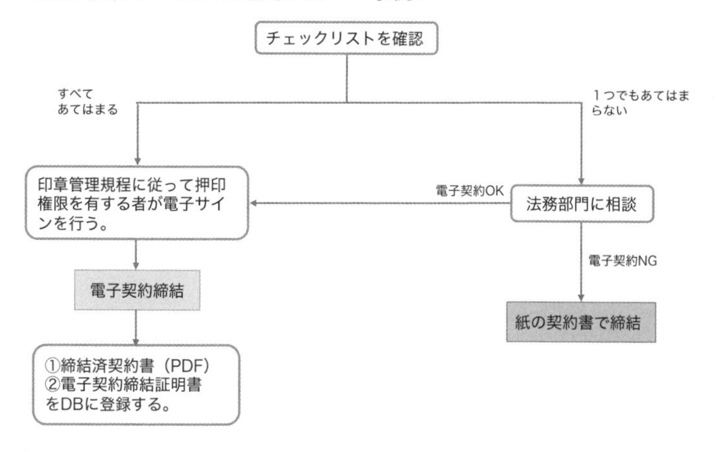

＜自社ベンダー電子契約サービスの運用フロー　事例＞

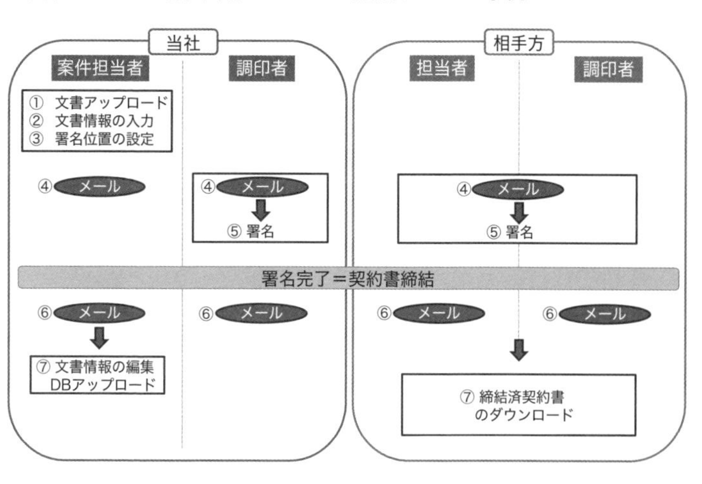

Legal Tech サービス紹介⑤

電子契約サービス「電子印鑑ＧＭＯサイン」

◆電子契約とは

電子契約とは、「電子的に作成した契約書を、インターネットなどの通信回線を用いて契約の相手方に開示し、契約内容への合意の意思表示として、契約当事者の電子署名を付与することにより契約の締結を行うもの。」をいう。

新型コロナウイルスの感染予防のためにリモートワークが広がる中、はんこレス・ペーパーレスのためのツールとして注目され、企業規模の大きさを問わず一挙に利用が広がっている。

表１　書面契約と電子契約

	書面契約	電子契約
形　式	文　書	電子データ
押　印	押印または署名	電子署名
送　付	送付・持参	インターネット
保　管	書　棚	サーバー
印　紙	必　要	不　要

◆電子契約のメリット

電子契約が注目されている大きな理由は、その導入メリットの大きさにあるが、一般的には下記の３点がメリットとして挙げられる。

① 印紙税、送料、保管料などの契約コストの大幅な削減
② 契約業務のはんこレス化・ペーパーレス化によるビジネススピードの加速
③ 契約情報や締結進捗の可視化によるガバナンス強化

当初は、印紙税削減などのコスト削減効果にフォーカスされていた電子契約だが、現在では、契約業務の効率化・スピード化を目的に導入されるケースが多い。

書面契約の場合、印刷→製本→印紙の貼付→押印→送付→相手方の押印→返送という作業が必要なため、締結までに２～３週間を要するのに対し、電子契約では、オンライン上の電子署名で完結するため、早ければ当日中に締結も完了する。

また、書面契約の場合には、リモートワークを実施していても文書の受取や送付、押印のために出社が必要になってしまうが、電子契約ではこのような事態は発生しない。

図１　書面契約と電子契約の業務フロー

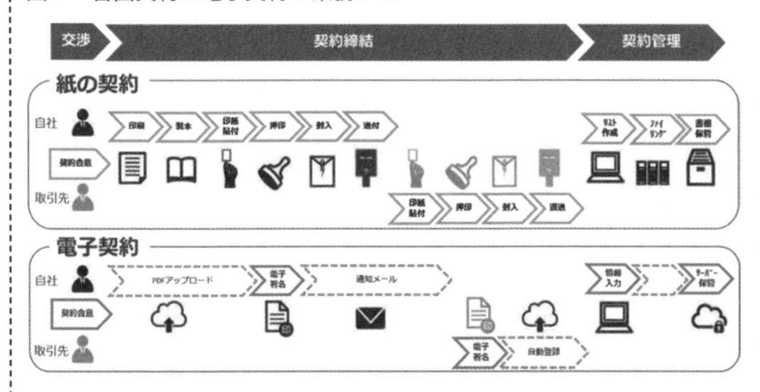

◆２つの電子署名タイプ（当事者署名型と事業者署名型）

この電子契約サービスについては、その電子署名方式により大きく２つのタイプに分けられる。

（１）　当事者署名型

当事者署名型の電子署名とは、事前に電子認証局が本人確認を行い、発行した電子証明書を用いて署名を行う電子署名タイプをいう。署名当事者本人の名義の電子証明書で署名がなされることから、当事者署名型と呼ばれる。

事前の印鑑登録が必要だが、信用性が高いという意味で、書面契約における実印と同様のイメージを持つとわかりやすい。

図２　当事者署名型

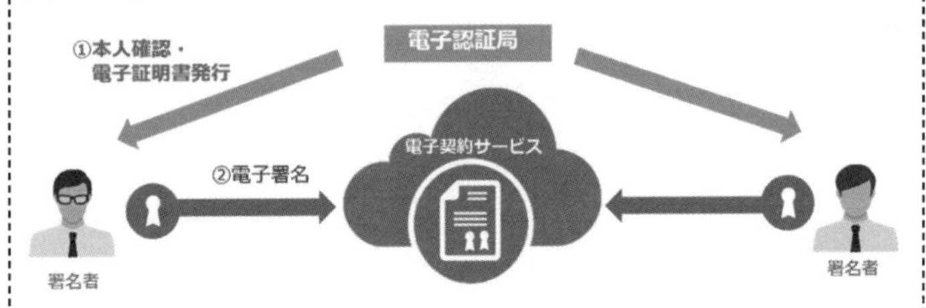

当事者署名型の場合、電子認証局により厳格な身元確認を行われ、この電子証明書は本人のみが署名できる環境下で管理されることから、このタイプの電子署名がなされている文書には、本人が署名したとの高度の信頼が与えられる。

そのため、電子署名法は「電磁的記録に記録された情報について本人による電子署名が行われているときは、真正に成立したものと推定する。」（第３条）と定め、本人の電子署名がある電子データについて、本人の意思により作成されたこと（文書の真正性）が法律上推定されるものとしている。このように電子署名タイプの電子契約においては、電子署名法にもとづいて非常に強力な証拠力が認められている。

ただ、導入面において、自社側だけでなく相手側にも電子証明書の取得が必要となり、費用も高くなることから、導入ハードルが高くなるという特徴ももつ。

（２）　事業者署名型（立会人型）

これに対し事業者署名型は、一般的に①電子契約システムから署名者宛に文書確認用のURLをメール送信し、②署名者がシステム内で文書の内容を確認・承認したことを受けて、③電子契約サービス事業者名義の電子証明書で機械的に電子署名を行うものをいう。

電子文書に付与される電子証明書の名義が電子契約サービス事業者のものであることから「事業者署名型」と呼ばれるが、電子契約サービス事業者が契約当事者の立会人として電子署名を行うことから「立会人型」とも呼ばれる。

書面契約における契約印・認印と同様のイメージを持つとわかりやすい。

図３　事業者署名型（立会人型）

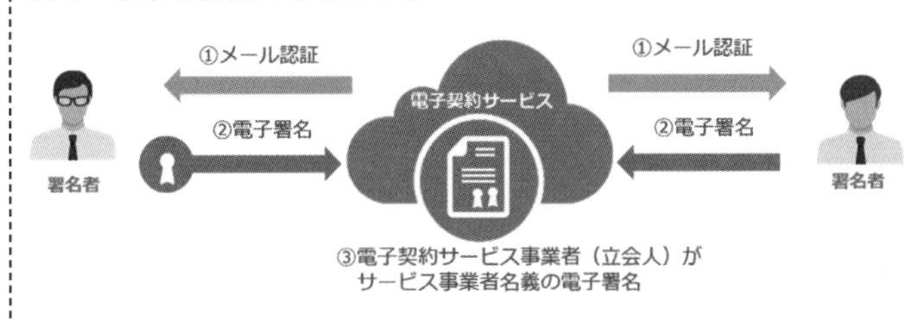

事業者署名型の電子署名については、電子書名として認められるかが問題とされていたが、2020年に相次いで政府見解が発表され、「技術的・機能的に見て、サービス提供事業者の意思が介在する余地がなく、利用者の意思のみに基づいて機械的に暗号化されたものであることが担保されていると認められる場合」には電子署名法第２条の電子署名性が認められ（令和２（2020）年７月17日　総務省・法務省・経済産業省「利用者の指示に基づきサービス提供事業者自身の署名鍵により暗号化等を行う電子契約サービスに関するＱ＆Ａ」）、さらに一定の技術要件を満たす場合には、電子署名法第３条にもとづく文書の真正性も認められるものとされた（令和２年９月４日　総務省・法務省・経済産業省「利用者の指示に基づきサービス提供事業者自身の署名鍵により暗号化等を行う電子契約サービスに関するＱ＆Ａ（電子署名法第３条関係）」）。

事業者署名型については、本人性確認をメール認証で行うのが通常なため、当事者署名型に比べによると本人性の担保が弱くなるものの、電子証明書の取得が不要なため、導入が容易という利点を持つ。

（３）　両者の比較

当事者署名型と事業者署名型の違いについては、大きく①本人性の担保方法・程度（身元確認の有無）、②導入の容易さにあるものといえる（表２参照）。どちらの電子署名方式を選択すべきかについては、書面契約で実印や契約印を使い分けているように、利便性と文書の重要性を考慮して選択する必要がある。上述の総務省・法務省・経済産業省のＱ＆Ａも、「電子契約サービスの利用に当たっては……契約等の重要性の程度や金額といった性質や、利用者間で必要とする身元確認レベルに応じて、適切なサービスを慎重に選択することが適当」としている。

表２　当事者署名型と事業者署名型

	当事者署名型	事業者署名型
導入の容易さ	○ （電子証明書の取得が必要）	◎ （電子証明書の取得が不要）
本人性の担保	◎ （電子認証局による身元確認）	○ （メール認証等）
電子署名性（電子署名法第２条）	○	○ （技術的・機能的に見て、サービス提供事業者の意思が介在する余地がなく、利用者の意思のみに基づいて機械的に暗号化されたものであることが担保されていると認められる場合）
形式的証拠力（電子署名法第３条）	○	○ （①利用者とサービス提供 事業者の間で行われるプロセス及び②①における利用者の行為を受けてサービス提供事業者内部で行われるプロセスのいずれにおいても十分な水準の固有性が満たされている場合）

◆電子印鑑GMOサインのご紹介

ここまで電子契約サービス全体について述べてきたが、当社の電子契約サービス「電子印鑑GMOサイン」についても少々ご紹介させていただきたい。

（1）　当事者署名型・事業者署名型のいずれにも対応が可能

上述のように、電子契約サービスには「当事者署名型」「事業者署名型」の２タイプがあり、本人性の担保（身元確認の有無）の程度に差異があるため、契約の重要性などに応じて適切なサービスを選択することが適当とされている。

当社の電子印鑑GMOサインでは、①電子認証局が厳格な本人確認を行い、信用性の高い当事者署名型（実印タイプ）と②メール認証により簡易に利用できる事業者署名型（契約印タイプ）の双方の利用が可能であるため、文書の重要性にあわせてあらゆるシーンで利用することが可能となっている。

（2）　No.1 電子認証局GMOグローバルサインの技術と信頼性

電子契約サービスは、電子署名とこれを支えるIT基盤によって構成されているが、当社は、この電子証明書を全世界で2,500万枚以上の発行実績を誇る国内No.1 電子認証局「GMOグローバルサイン」を運営している。

当社の「電子印鑑GMOサイン」は、このNo.1 電子認証局の技術・知見のもとに構築・運用されており、ユーザーが安心・信頼して利用することができる電子契約サービスとなっている。

（3）　弁護士による監修

当社サービスでは、電子署名分野を専門とし、電子契約に関する著書を多数書かれており、政府の各審議会でも委員を務めておられる宮内宏弁護士を顧問弁護士に迎え、ユーザーに法的にも安心して利用いただけるようアドバイスをいただいている。

以上、電子契約サービスについてご紹介させていただいたが、これを機に電子契約サービスの導入を少しでも検討いただければ幸いである。

GMO グローバルサイン・ホールディングス株式会社
電子印鑑GMOサイン
https://jp.globalsign.com/documentsigning/agree.html

PART11

コミュニケーション

1 コミュニケーションツールの導入

現在のところ、多くの企業がコミュニケーションツールとして、携帯電話、Eメール、Web会議システムを活用している。特にEメールは、情報を手軽に多人数に対して早く伝達できるというメリットがあり、日常的に多くの人々が利用している。しかし反面、大量に受信すると埋もれてしまうというデメリットがあり、日常的に1日100通以上のEメールを受け取っていると不便さを感じる。

このような声を受けて、Microsoft TeamsやSlackといったサービスを利用する企業が増えている。これらのサービスは、Eメールと比較すると半分以下のコストで情報のやり取りが可能で、履歴検索も容易であり、交信内容が埋もれてしまうリスクも少ないことから重宝されている。また、Web会議は、在宅勤務が増えた現在では、必須のコミュニケーションツールとなっており、Zoom、Microsoft Teams、Webex等が企業内で積極的に活用されている。

その他のコミュニケーションツールとしては、Hubbleの提供するサービスが法務部門の業務との親和性が高く、実際に利用すると大きな効果を得ることができる。特徴として、Eメールはメール本文+添付ファイルという構成で当事者間において交信されるが、Hubbleはワードデータ＋コメントという構成で当事者間において交信されるため、特にワードデータの使用が多い契約審査業務で威力を発揮する。

2　Hubbleの多彩な機能

Hubbleには、さまざまな機能が装備されているが、使い方によって、コネクション機能、ドキュメント管理機能、データ管理機能の3つに整理することができる。

コネクション機能とは、当事者間のやり取りをHubbleのサービスを使って行う機能で、法務担当者は、契約書ドラフトデータをHubble内の担当者専用フォルダーにアップロードし、契約レビュー作業と管理者との案件チェックに関するコミュニケーションをHubble内で行うことができる。Eメールを一切使用しないところに特徴があり、これが利便性を高めるポイントになっている。

ドキュメント管理機能とは、Hubble内にデータをアップロードするとワードデータの履歴管理が自動的に実施される機能で、ワードデータに紐づく形でコメントを付記することができる。履歴データとコメントは、Hubble内のデータベースに蓄積されていくため、法務部門のナレッジとして利用可能で、ナレッジデータの検索と抽出も容易にでき、ファイル名だけではなくデータファイルの記載内容を含めてキーワード検索が可能となっている。

データ管理機能とは、管理者がHubble内の案件データを直接見ることにより、法務担当者の案件処理状況を常時チェックすることができる機能で、管理者の案件マネジメントに役立つ。また、Hubbleを通じて法務担当者のパフォーマンスデータを取得することも可能で、具体的には、法務担当者ごとの処理件数データ、納期データ、案件難易度データ等を取得することができる。
サービス導入のバリエーションとして、案件依頼者と法務担当者とのコミュニケーションをHubbleのコネクション機能を使って行うことが可能で、利用方法のバリエーションが広く、法務部門の多様なニーズに合わせて、さまざまな使い方を自由に設計できる便利なツールであるといえる。また、サービスの利用コストが安く、大人数で利用可能なところもHubbleの魅力の1つとなっており、法務部門で一度使い出すと手放せなくなるツールで、私自身の法務部門マネジメントにおける必須ツールとなっている。

Legal Tech サービス紹介⑥

コミュニケーションツール「Hubble」

◆Hubbleとは

(ア) 契約業務に特化したコミュニケーションシステム

Hubbleは、契約業務を中心としたリーガル業務に最適化されたコミュニケーションシステムであり、複数人でのコラボレーションを可能にするクラウドサービスである。

昨今ビジネス上のコミュニケーションは、メールの他、特に社内コミュニケーションに関してはビジネスチャット（Microsoft TeamsやSlack等）が普及し、契約業務や法務相談等もこれらのツールで行っている企業も多く存在するだろう。

(イ) リーガル業務の特殊性

もっとも、リーガル業務におけるコミュニケーションに関していうと、他の業務と異なる特性がある。リーガル業務、特に契約業務に関していうと、ドキュメントの存在を前提として、多くの関与者を巻き込みながらコミュニケーションを行っていく特性がある。さらに、継続中の案件が複数あり、その案件ごとに複数のドキュメントが発生した場合には、これらの多数発生するドキュメントを複数人で共有しあいながら、かつその背景（どういう趣旨でドキュメントを修正したか、どのようなポイントを確認してほしいか等）に関して、コミュニケーションしていく必要がある。

このような特殊性ゆえ、既存のメールやビジネスチャットで行う場合には、大きなコミュニケーションコストが発生してしまっており、より最適なコミュニケーションのあり方を定義していく必要がある。

（ウ） Hubble が目指すもの

Hubble はこれらのコミュニケーションコストを解消し、契約業務におけるコミュニケーションの最適解を提案する。さらに、これまで個人の知識、経験をベースに行われていた業務に対して、組織として各メンバーがコラボレーションしながら、より生産性の高い働き方ができるような状態をつくることを目指す。

◆契約業務におけるコミュニケーションの最適解とは？

（ア） 「契約業務に関するコミュニケーションコスト」

① ドキュメントを「添付ファイル」として共有することによるコミュニケーションコスト

契約業務や法務におけるドキュメント業務を行う際に、主として他者に共有したいものは、「編集版のドキュメント」である（当該編集の趣旨を記載するコメント、メッセージはドキュメントに付随する情報である）。そのため、契約業務等を効率的に行っていくコミュニケーションは、ドキュメントを軸に添える必要がある。

しかし、メールで件名をつけて案件を管理していく方法では、上記の構図を踏まえることができていない。メール本文等の「メッセージ」が主としてあり、これに「添付ファイル」としてドキュメントを共有するかたちになってしまっており、本来ドキュメントに付随するコミュニケーションが軸に置かれてしまっている。

この方法によると、付随情報とされるドキュメントの管理は別に行わなくてはならず、大量に発生するドキュメントのバージョン管理が煩雑であり、当該契約書に関する情報の一元的な管理が大変しづらい状態となる（以下で掲載している「Hubble 詳細画面」の図をみていただければ、既存の方法に比して、Hubble でコミュニケーションをとることの利便性を視覚的に理解いただけるはずである）。

② 情報分散によるコミュニケーションコスト

契約業務は事業部門からの依頼、社内での検討、締結、締結後の管理等、各段階がある。そして、これまで各プロセスでは、Microsoft Word®、メール、チャット、エクセル（案件管理等）、ワークフローシステム等が利用され、システムが多岐にわたっていた。そのため、各段階での契約に関する情報が各システム内に分散してしまっていた。

この点、契約業務においては、当該案件の進捗を知りたいケースや企業として標準的な契約レビューを行う必要性から、過去社内でどういう利益衡量があって、当該修正や結論に達したのかを知りたいケースが多い。このようなケースでは、現状のように情報が分散している結果、過去の情報にアクセスしようとしても、当該担当者へ聞きに行かなければいけない等の無駄なコミュニケーションが発生していた。

(イ) Hubble の機能

上記のようなコミュニケーションコストを解消すべく、契約業務に特化したコミュニケーションシステムにより、契約情報を一元的に集約する必要がある。そこで、まず Hubble では、ドキュメントを軸に据えたうえで、ドキュメントの編集版ごとにその背景となるコミュニケーションを行うことができる。またドキュメントごとにそのドキュメントを共有したいメンバーを選択でき、情報を共有しあいたいメンバーがチャットのようなリアルタイムの情報共有をすることが可能となっている。

◇Hubble詳細画面①
自動差分検出機能でドキュメントの差分を管理しながら、当該ドキュメントを軸として最右側でドキュメントのバージョンごとにチャット形式でコミュニケーションをとることが可能になっている。

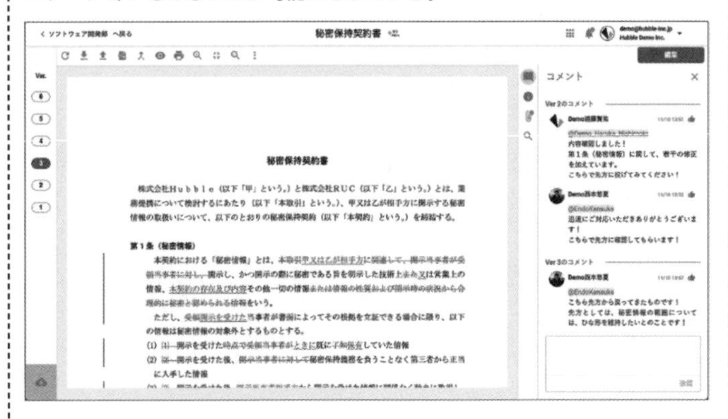

◇Hubble詳細画面②
最左箇所ではドキュメントを自動バージョン管理している。また指定バージョンを連携している電子契約サービス上で電子締結することも可能になっている。

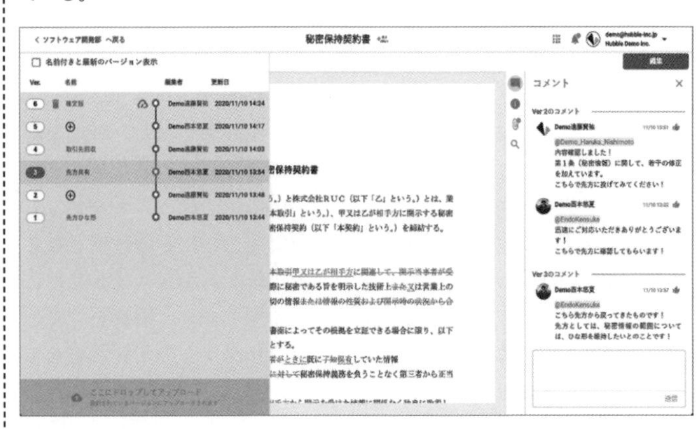

◆組織として生産性の高い働き方とは？

（ア） 組織改善できない仕組み

さらにHubbleでは、組織としての生産性の高い働き方を実現したいと考えている。

これまで「リーガル業務は定量化が難しい」といわれていた。その背景としては、定量評価するためのベースとなるデータがなかった。

「見えないものは改善できない」といわれるとおりで、情報が分散してデータが蓄積されない環境下では、組織としてより生産性の高い働き方を実現していくことはできない。

（イ） Hubbleの機能

Hubbleでは、データの一元管理を可能とし、かつ上記のように各契約書に応じたさまざまなデータ（各担当者における契約種別の案件処理数、依頼日から締結までの日数、事業部門とのやりとりの件数）を蓄積する。

Hubbleで各ドキュメントのコミュニケーションを効率化しながらそこに蓄積されていくデータを業務改善のために利用することが可能になる（さらに定量的な分析が人事評価手法に影響を及ぼすこともありうるだろう。客観性のある評価基準を策定できれば、組織としての強化につながっていくと考える）。

◆実際の活用例

実際にHubbleがどのように活用されているのかについてユーザー事例を紹介する。Hubbleの使い方は、①法務部のみならず、事業部門も加えて活用されるケースと②法務部のみで活用されるケースがあり、各パターンでHubbleを利用されている企業の実際の使い方及びその効果についてまとめる。

◇ドキュメントリスト機能

① 事業部門も加えて全社的に活用するケース

ア）ユーザー情報

ー従業員数：約 300 名

ー法務部員数：3 名

ー年間契約審査件数：約 700 件

イ）業務フローにおける Hubble の使い方

事業部門の担当者は Slack から契約書審査の依頼を行う

→法務部は Slack から契約書審査の依頼を受け取り、Hubble から審査の回答をする。

→事業部門の担当者は Slack から Hubble で回答がされたことの通知を受け取り、審査済みの契約書を相手方に共有する。

ウ）Hubble 導入後の効果

ー社内の共有サーバーに契約書のバージョン（履歴）を保存する手間が省けた。

事業部門とともに活用することで、事業部門から日ごろ申請される契約書の確認依頼やこれに伴って生じるコミュニケーションを Hubble 内にすべて集約することができ、共有サーバー等に履歴を保存する手間がなくなった。

－事業部門への負担が少なく、スムーズに導入することができた。

Slack との連携が可能なため、業務フローやルールの変更に伴う事業部門の負担を最小限に留めつつ Hubble を利用することが可能となった。

－コミュニケーションの質とスピードが向上した。

Hubble を通して事業部門との関係性がさらに緊密になり、契約に関するコミュニケーションの良質化や事業部門の契約スキル向上にも寄与した。

② 法務部のみで活用するケース

ア）ユーザー情報

－従業員数：約 2,900 名

－法務部員数：7 名

－年間契約審査件数：約 1,000 件

イ）業務フローにおける Hubble の使い方

事業部門の担当者から法務部の共有アドレス宛にメールで契約書審査を依頼する。

→法務部長がメールで法務担当者（1 件 2 名体制）に案件を割り振る。

→案件を割り振られた法務担当者は契約書を Hubble にアップロードし、法務部内におけるダブルチェック及び部長最終確認時に発生するコミュニケーションを Hubble で行う。

→審査済みの契約書を Hubble からダウンロードし、事業部門の担当者にメールで戻す。

ウ）Hubble 導入後の効果

－煩雑なメールでのやりとりがなくなり、管理が楽になった。

Hubble のコメント欄に@（メンション）をつけることで、自動でメール通知が届くので、メールの代替として Hubble を利用することが可能である。従来メールに Microsoft Word® のファイルを添付して行っていた部内での契約書のダブルチェックを Hubble で行うように変更した結果、やりとりの一元化とメールの検索などに要していた工数の削減を実現することができるようになった。

ードキュメントの管理（バージョン管理）が必要でなくなった。

Hubble導入前は、内部レビューの際に利用していたMicrosoft Word®の変更履歴のやりとりが煩雑となっていた。これに対して、Hubble導入後、法務部内でHubbleを利用することで、どのバージョンでどのようなコメントが存在して、それを受けて誰がどのような変更をしたのかという検討過程がHubbleに集約されるため、煩雑なやりとりを整理することが可能となった。

ー契約業務が見える化し、いつでも検索可能な状態になった。

さらには、これまで各人において「ブラックボックス化」していた業務を「見える化」することが可能となった。こうした「見える化」された情報は、法務部のナレッジとして検索可能な形で蓄積されるため、使えば使うほど法務組織のレベルを底上げすることにも役立つものとなる。

◆DX（デジタルトランスフォーメーション）へ向けて

Hubbleは、法務の方々に滑らかなコミュニケーションを届けたい。良質なコミュニケーションこそが組織のコラボレーションを生み、クリエイティビティや働きがい、ひいては幸福感に直結すると考えている。この点に大きな負が存在している契約業務において、Hubbleがこの負を解消することで、法務機能を最大限発揮できる環境が構築できると我々は信じている。

そして、Hubble導入により蓄積したデータを活用し、業務の改善を繰り返しながら、法務の働き方が変化していく。これこそHubbleが考える真のデジタルトランスフォーメーションである。

株式会社Hubble
https://hubble-docs.com/

PART12
情報検索

① 法令検索サービス

現在、Westlaw、LexisNexis、第一法規等が日本法令の検索サービスを提供しており、Practical Lawが海外の法令情報を提供している。また、Lexologyが無料で法令情報を提供している。私自身は、コストが安くて利便性の良いWestlaw、Lexologyと、コストは高めであるが取得できる情報が充実しているPractical Lawを活用している。

② 書籍検索サービス

書籍検索サービスについては、Legal Scape、LEGAL LIBRARY、BUSINESS LAWYERS LIBRARYがサービスを提供しているが、それぞれのサービスの提供範囲と機能が微妙に異なっており、まだまだ各社のサービス自体が発展途上にあるといってよい。

導入コストは、月当たり1人5,000円から10,000円程度であり、閲覧できる書籍数から見ると少しコストが高めの印象を受ける。現在、Legalscapeのみが商事法務の書籍を閲覧できるため、商事法務の書籍を読む機会が多い企業は、Legalscapeを選択すると便利である。私自身は、それぞれのサービスに一長一短があるため絞り切れず、3社それぞれのサービスを利用している。

③ 法務部門の情報検索

法務部門は、日常業務を遂行する上で、さまざまな情報の検索作業を行っている。これらの情報の中でも、官公庁や独立行政法人のガイドライン、パブリックコメント、有価証券報告書等の開示書類、法律事務所のニュースリリース、業界団体の統計資料、公益団体の資料、その他文献・論文等の無料で一般に公開されている情報を検索する機会が多い。LION BOLT というサービスが行政のパブリックコメント等の検索サービスを提供しているが、金融分野に範囲が限られており、広い範囲でこれらの情報を検索しようとすると、Google 等の検索サイトを使って検索を行う必要があり、情報収集に手間がかかる。例えば、新型コロナウイルスに関連する出入国情報をリサーチする場合、まずは、監督官庁を調べる必要があり、それぞれの担当分野ごとに、検疫は厚生労働省、ビザは外務省、上陸審査は法務省が所管していることがわかる。さらに規制内容の詳細を調べるためには、それぞれの官庁のガイドラインを調べる必要があり、情報検索に多くの労力を必要とする作業となっている。仮に、これらの公開情報をキーワード１つで検索して、作業に必要な情報をピンポイントで取得でき、関連情報をまとめて入手できれば、情報検索コストを大幅に削減できるため、今後、書籍や雑誌だけではなく、法務部門の情報検索ニーズに適合した情報検索・集約サービスが提供されことを期待してる。

現在のところ、Legalscape が幅広い情報検索機能を持ち、それぞれの情報を分析・整理してつなぐ機能を持つことを目指しており、書籍情報、判例情報、行政ガイドライン、その他の関連情報をリンクさせる取組みを行っている。また、BUSINESS LAWYERS

LIBRARYは、書籍と雑誌が充実しており、BUSINESS LAWYERSの会員機能が利用できる。さらにBUSINESS LAWYERSのwebサイト（https://www.businesslawyers.jp/）は、企業法務に関連する豊富な情報を提供しており、企業法務担当者が定期的にチェックすべきwebサイトであるといえる。

いずれにしても、書籍を中心とした情報検索サービスは、まだまだ発展途上のサービスであり、これから各社の動向を注視していく必要がある。

Legal Tech サービス紹介⑦

リサーチプラットフォーム「Legalscape」

◆ Legalscape のコンセプト：“リーガル・ウェブ”構想

Legalscape は、「法情報を整理し、ひと目で見渡せる景色に描き出す」ことを目指す、統合的なリサーチプラットフォームです。

これまでのリーガルリサーチは、さまざまな箇所に散らばった関連する法情報を、手掛かりを集めながら少しずつかき集めてくるという手間のかかる業務でした。例えば、キーワードを変えながら検索を繰り返したり、社内の書棚・資料室を漁ったりと、手間暇をかけてリサーチが行われてきました。これはひとえに、法情報が整理されておらずひと目で見渡せないために起きてしまう問題であり、すなわち本来は相互に関連し合い、それゆえ芋づる式に辿れるはずの法情報が統合的に集約されていないために起きてしまう問題です。

Legalscape の“リーガル・ウェブ”構想とは、本来は相互に関連し合う法情報（例：「ある法令」と「その立案担当者解説」）同士を、有機的に“つなぐ”、という構想です。関連する情報同士が、高度な自然言語処理技術による解析と、トップレベルの弁護士の知見を組み合わせることで“つながり”、それによりすべての法情報は、インターネットを蜘蛛の巣に例えて表現した“ウェブ”のように、1つの大きな“リーガル・ウェブ”を構成します。

後述の機能紹介で詳しく解説しますが、この構想は、複雑に絡み合った法情報をひと目で見渡せるようにし、上記の問題を解決する画期的なコンセプトです。

また、リーガル・ウェブに“つなぐ”対象として、外部情報（すなわち書籍や判例、法改正のニュース等）のみならず、組織内部の固有の情報、つまり過去に行ったリサーチ結果等を含めることができます。これまでは、多くの場合、過去のリサーチ結果が紙で保存されてきたため、知りたい情報が見つからないなど、過去のリサーチ結果の再利用が難しいという問題がありました。Legalscapeには、現状でも案件や論点ごとのリサーチ結果を組織内で集約・蓄積するための機能が搭載されており、既存の情報検索サービスにとどまらない、ナレッジの蓄積・利用が可能となっています。

なお、2020年12月25日現在、Legalscapeはβ版として一部の法律事務所や企業法務部に提供され、2021年春の正式版リリースに向けて、数千名の利用者からの利用データの分析やヒアリングの実施による機能開発が進められています。このため、下記の内容には開発中の内容を一部含み、正式版リリース時には一部変更される可能性があります。

◆機能紹介

① すばやい・深いリサーチの支援：リンク・逆引き文献表示機能（仮称）／分野別ポータル機能（仮称）

ここでは、“リーガル・ウェブ”というコンセプトから派生する機能を解説します。

前述のとおり、“リーガル・ウェブ”は、すべての法情報同士が本来持つ“つながり”を解析し、Legalscape上に保持するというコンセプトで、機能としてまずはサービス内で容易にたどる機能（リンク機能）や、閲覧中の文献を参照している別の文献を表示する機能（逆引き機能）などが提供されています。

例えば、図1のように、金融商品取引法第27条の23を閲覧すると、その条文の委任先の下位法令（その他の内閣府令）や、その条文に関連するパブリックコメント（平成24年2月10日付パブコメ）の該当部分、国会議事録、またその条文を解説している書籍・立案担当者解説など、関連する重要な情報が同時に提示されます。Legalscapeは、これら関連する情報同士の“つながり”を解析し、“リーガル・ウェブ”に入れているため、その条文に関連するすべての情報を瞬時に表示することができるのです。

図1　条文からのリンク・逆引き文献表示

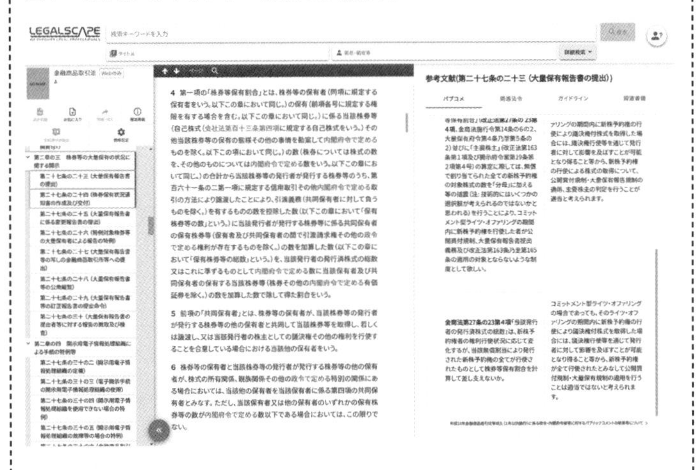

馴染みのない分野のリサーチを支援する機能も搭載されています。Legalscapeでは、森・濱田松本法律事務所との提携を通じて、一部文献を分野ごとにタグ付けし、分野ごとのニュースや、おすすめ文献の表示、分野別での検索等を可能にすることで、土地勘のないプラクティスでのリサーチの最初の一歩を提供しています。イメージとしては、書店に「受験数学」というコーナーがあり、新刊や、おすすめの参考書、高校数学分野の本が並んでいるかと思いますが、

Legalscape ではそれを例えば「TOB」という分野で実現しています（図2）。

以上のように、単に情報が一元化されただけの検索エンジンでは、情報が整理されていないため検索結果が多すぎるなどの問題が生じてしまう一方、Legalscape では高度な技術による“つながり”の解析とトップレベルの弁護士の協力により、法情報をひと目で見渡すという新しいリサーチ体験を実現しています。

図2　ニュース・文献の分野別ポータル機能

図３　ナレッジマネジメント／シェア機能

②　組織全体の知見の集約・管理を支援：ナレッジマネジメント／シェア機能（仮称）

冒頭で述べた、過去のリサーチ結果の組織的な集約・管理にまつわる問題についても、Legalscape で解決できます。

Legalscape では、リサーチ時に見つけた重要な文献をページ／章・節／文の単位や、ハイライトされた箇所の単位で「バインダー」に追加し、バインダーごと組織内で共有することが可能です（本機能については出版社と調整中）。この機能を用いて案件／論点ごとにバインダーを作成することで、自然とリサーチ結果が集約され、これまでの紙等による保管と比べ、社内知見の管理コスト削減、利活用の活発化が期待されます（図３）。

さらに今後、ナレッジを長期にわたって有効に利用するため、リサーチ結果に根拠として含まれる外部情報（条文やガイドライン等）にアップデート（法改正等）があった場合に自動検出・通知する機能が予定されています。

これにより、例えば法務部として照会を受け別部署に回答した内容につき、瞬時に当時のバインダーを探し、現時点でも回答内容の根拠たる外部情報に変わりないか、を知ることができるようになります。

◆ Legalscape の技術力と森・濱田松本法律事務所の知の融合

Legalscape を開発する Legalscape 社は、技術力に特化したチームで、コンピュータ科学や自然言語処理の専門家で構成されています。また、大手法律事務所のひとつ、森・濱田松本法律事務所と 2019 年 10 月より提携し、Legalscape の開発を共同で進めています。

上記で解説した Legalscape の高度な提供機能は、さまざまな形式・品質の文献データ（文字化けの多い PDF 等含め）をすべて整え修正し、構造化し、相互の“つながり”を技術的な解析と法的な知見に基づき整理し、リーガル・ウェブに入れていくことで、可能となった機能です。

このため、Legalscape は他のオンライン書籍検索閲覧サービス等と異なり、高度な技術とトップレベルの法的知見に裏付けされた機能を有した、組織向け／プロフェッショナル向けの統合的なリサーチプラットフォームの決定版として、2021 年春のリリースが予定されており、リリース以後も継続的に機能追加が続けられます。

※　2020 年 12 月 25 日現在、正式版の価格・導入形態ともに未確定

株式会社 Legalscape
https://www.legalscape.co.jp/

PART13

弁護士管理

1 法律事務所との関係

現在のところ、法律事務所への委託内容については、一般法律相談、専門法律相談、業務委託に大別することができる。一般法律相談は、法務部門で処理される日常的な法理問題に対して、最新動向や他社動向等を確認したい場合に実施し、タイムチャージベースで支払うケースと顧問契約を締結していれば顧問料でカバーされるケースがある。専門法律相談は、特定領域の法律問題について、最新動向や詳細情報を確認したい場合や、訴訟等の紛争案件が発生した場合に実施し、こちらもタイムチャージベースでの支払うケースと顧問契約の顧問料でカバーされるケースがあるが、訴訟については別途費用について協議を行うケースが多い。業務委託については、M&Aのデューデリジェンス、法令リサーチ、一定量の契約審査等、法務部門で発生する作業系の業務を外注するもので、予算を設定して固定金額で委託するケースが多い。

コストのかけ方を比較すると、一般法律相談は専門的な知見を必要とする領域ではないため、コストを最優先で考えるケースが多く、一方で専門法律相談はその分野で影響力と知見のある弁護士を選択する必要があるため、品質を最優先で考えるケースが多い。業務委託は委託作業の内容によって難易度が異なることから、コストと品質のバランスを考えて決定するケースが多い。

弁護士の選び方について考えると、一般法律相談はコストを優先するため、一定レベルの品質であればそれほど弁護士の個性は気にしない領域で、メーカーの製品に例えると、いわゆる汎用品市場であるといえる。専門法律相談はまさにプロフェッショナルなスキルを要求するため、法律雑誌への記事の投稿者名、書籍の著者名、判決の代理人情報、他社法務部門長からの口コミ情報等をベースとして候補者を選定する領域で、いわゆる専用品市場であるといえる。業務委託については、弁護士個人というよりも法律事務所への委託という観点で候補者を選定する領域で、いわゆるカスタムメイドの市場であるといえる。

2 弁護士アクセスプラットフォーム

法務部門では、日常業務で利用する法律事務所や弁護士のリストを作成しているケースが多く、毎年リストの内容を見直している法務部門も多い。特に、一般法律相談を依頼する弁護士の候補者を選定する上で、byLegalの弁護士アクセスプラットフォームが役立つ。プラットフォームに登録されている弁護士の質も高く、質問を投げかけると複数の弁護士から回答が届き、さらに詳細を知りたければ、見積りを取得して案件を依頼することも可能で、法務部門のニーズにあった弁護士を手軽に探すことができる。日常的な法律相談について、顧問弁護士を使っている企業がこのサービスを積極的に利用すると、顧問弁護士よりも質の高いサービスを低コストで受けることが可能で、法律相談の選択肢が一気に広がる。将来的には、このサービスが顧問弁護士制度に代わる仕組みに発展する可能性があると考えている。

また、弁護士の評価については、「食べログ」や「ぐるなび」のような世間一般的な評価は行われておらず、口コミまたは会社ごとの個別評価に頼らざるを得ない。また、報酬等の情報も一般に公開されておらず、ある意味、士業特有の閉鎖的な世界が広がっており、競争原理が働きにくい業界であると考えられる。将来的に弁護士の評価を共有できるサービスが提供されると、法務部門にとって便利なだけではなく、弁護士間の競争も高まることが予想されるため、サービスの向上が期待できる。今後、テクノロジーの進化がもたらす競争とサービス向上に期待を寄せている。

Legal Tech サービス紹介⑧

企業法務弁護士へのアクセスプラットフォーム「byLegal」

◆法律を味方に、企業を伸ばす

byLegal（バイリーガル）は、「法律を味方に、企業を伸ばす」を体現するために生まれた、完全無料で利用できる企業法務弁護士の知識へのアクセスプラットフォームである。

企業が適所適材で弁護士の調査・検索・管理ができる世界を実現するサービスを目指し、2019 年 10 月 15 日にサービスをローンチした。現在（2021 年２月末時点）では、115 名以上の厳選した企業法務弁護士と東証一部上場企業を含む 318 社以上の企業にご登録いただいている。

登録弁護士はすべて審査制となっている。具体的には、小説「下町ロケット」に登場する弁護士のモデルにもなった、知的財産権において著名な弁護士法人内田・鮫島法律事務所の鮫島正洋弁護士をはじめ、弊社基準で厳選した企業法務弁護士（当社調べで平均タイムチャージは３万円超）が在籍している。

登録企業が byLegal で利用できるサービスは大きく３つに分けられる。

◆登録弁護士への匿名質問

１つ目は、登録弁護士への匿名質問である。

経営、運営する中で起こる法律に関わる疑問に対して、カジュアルな内容から専門的な内容まで気軽に質問ができ、24 時間後に登録弁護士の複数回答を受け取ることができるサービスとなっている。想定しているユーザーは、法務コストの兼ね合いから顧問弁護士の活用が限定的となり、できるだけ自助努力で対応をしている企業の法務担当者のような方々である。

企業法務に関する回答は「スピード」以上に「クオリティー」が求められるため、登録弁護士を厳選しているだけでなく、プロダクト設計にもこだわった。既存の Q&A サービスのような順次公開型の回答システムでは弁護士が「スピード」を競う設計になっていたことに対し、byLegal では現在特許出願中の「一斉公開型回答システム」（図１）により「クオリティー」を担保できるようにしている。

図１　「一斉公開型回答システム」により「クオリティー」が担保できる設計（現在特許出願中）

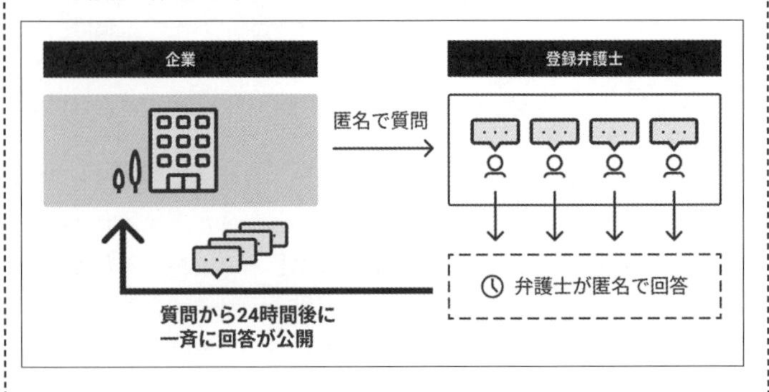

このように、質問発生から 24 時間は回答が公開されないため、弁護士は時間をかけて推敲した回答をすることができ、多忙な弁護士であっても隙間時間を活用して回答することが可能になった。加

えて、一斉公開される回答は自然と他弁護士との競争環境を生み出し、個々の弁護士が持つ専門的な回答を引き出しやすくしている仕組みとなっている。

その結果、質問者は自社に適した解決方法を複数回答から探せるだけでなく、実際に依頼を検討する際に、複数候補の能力／費用／期間を事前に把握することができ、効率的な弁護士選定が可能となった。これまでの回答データを分析すると、平均回答数は6.2件、平均回答文字数が547字となっており、クオリティーの高い回答が蓄積されている。

◆実名弁護士検索

２つ目は、実名弁護士検索である。

特定の領域で経験豊富な弁護士を探す際に役立つよう、「注力業務」「業界」「会社規模」で整理された情報に基づき、実務経験／実績を定量的に可視化して合致度の高い弁護士にたどり着けるような検索サービスを提供している。

新規の法律領域で適所適材の弁護士を探し出すコストの削減に課題を感じている担当者や、顧問弁護士に依頼できない特殊な実務において、セカンドオピニオンを求める相手の選定に困っている担当者におすすめのサービスとなっている。

byLegalは、「専門性の可視化」に基づき、最適な弁護士を探すことができる環境を実現した。既存の弁護士検索サービスはtoC向けが多く、「シンプル＝情報量が最小」の設計が主流だった一方で、toB向けの場合は「専門性＝情報量が最大」が求められる。個々の登録弁護士のこれまでの経歴や経験、実際の対応実績を収集・整理することで、実務経験／実績を定量的に可視化させる独自の検索システム（図２）を構築し、「専門性＝情報量が最大」を実現した。この仕組みにより、弁護士選定経験のないユーザーでも、可視化された定量的な情報を通じて、客観的に弁護士の専門性を把握することができるようになっている。

このような機能を実装した結果、特定案件の処理に向けて、弁護士への依頼フローに圧倒的な工数改善が見込め、根拠のある選定が容易になる。具体的にどのくらい「専門性の可視化」ができるかというと、注力業務は189項目、業界は118業種、会社規模は8段階と、合計17万通り以上の検索ができる。

図2　『労働問題』に限定した場合の検索結果のイメージ

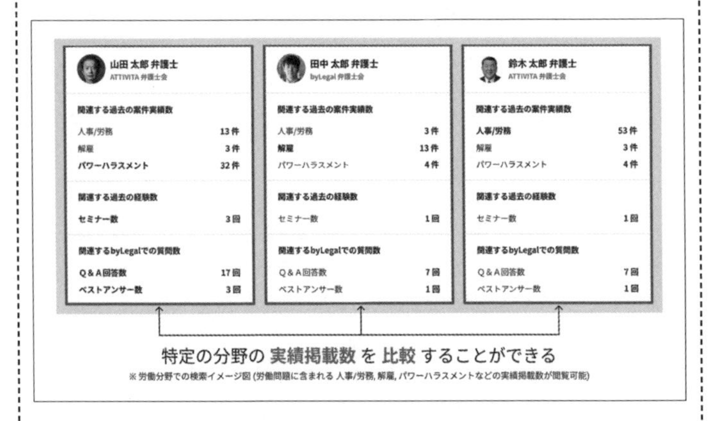

◆法務コンテンツの閲覧

３つ目は、法務コンテンツ（過去Q&A等）閲覧である。

これは、従前は気づくことができなかった法律に関する問題や疑問点を、先人達が残した法務コンテンツ（図3）から学ぶことができる予防法務ナレッジサービスとなっている。

本サービスは、自社で起こり得る法務問題のリサーチに課題を感じている担当者や、専門性の高い法務ナレッジを蓄積できる環境がなく困っている担当者を対象に設計している。

本サービス内で発生した過去Q&Aだけでなく、弁護士監修で作成された法務コンテンツが保存されており、「注力業務」「業界」「会社規模」といった条件で絞り込むことができる。これらの情報を企業の法務担当者が閲覧して学習することで、将来的に法的紛争

図3　法務コンテンツ閲覧時のイメージ

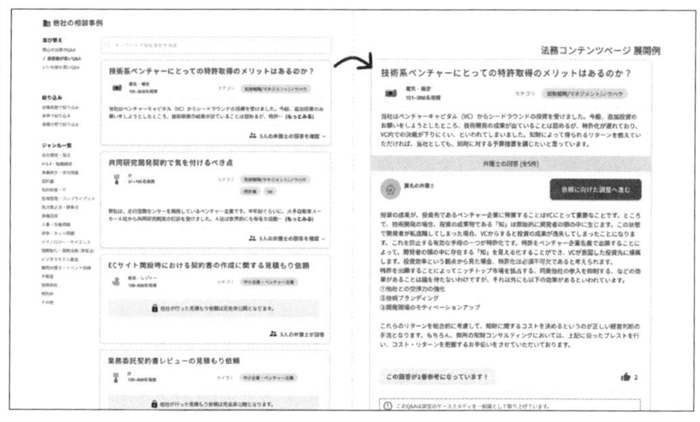

が生じる状況を想定し、トラブルを未然に防ぐための対策を考えるきっかけを提供できる。

2021年2月末現在、法務コンテンツは累計455件以上にものぼり、読み応えがあるコンテンツを豊富に揃えている。

これら3つのサービスを利用した先のアクションとして想定される弁護士とのコミュニケーションのインフラもサービス内に実装しているため、シームレスに弁護士との関係性構築ができる設計となっている。例えば、個別連絡を取り合う場合、登録企業は各人のメールや電話以外に、弊社独自のメッセンジャーとビデオチャット機能が利用でき、最小限のやりとりでオンラインにて完結することができる。

◆企業の登録料は無料

byLegalのマネタイズモデル（図4）は、登録弁護士側からの課金モデルで成立するよう考えており、企業の登録料は“無料”である（ただし、1法人1アカウントに限定）。つまり、企業が抱えるあらゆる一般／専門法律相談を無料で無制限に使い倒すことができるということになる。

不思議に思われるかもしれないので補足すると、費用が発生する弁護士側が意欲的に回答し、情報開示をするメリットは byLegal のクローズドな環境にある。既存の他社サービスのような不特定多数が閲覧するサイトではさまざまな登録のデメリットを考え、慎重になるケースが多い一方で、byLegal は会員制でコミュニケーション環境と対象が限定されており、深く狭いコミュニティ内でコミュニケーションできる環境を創出したことにより、安心して登録することができる。加えて、案件成約時の中間マージンは周旋に該当するため、弁護士法第 72 条で違法とされていることから、登録企業はサービスを完全無料で利用できるようになっている。

図4　「登録弁護士」からのサブスクリプション型のマネタイズモデル

（注：上図は、2021 年２月末時点のマネタイズモデルです。）

◆会社紹介と代表からのメッセージ

株式会社 ATTIVITA（アッティヴィタ）は 2018 年７月創業で３期目のスタートアップ。代表の鷲尾悠介は、前職弁護士ドットコム株式会社にて営業メンバーとして３年１か月所属し、在籍中 1,268 名の弁護士と対面で会い、当時の売上高の１/４を挙げるほど弁護士との関係性構築（開拓弁護士累計 701 名）に邁進。この経験から、登録弁護士の安心・安全を第一に考えた視点があることにより、独自の強みを持ったサービス設計が可能となっている。

代表からのメッセージ

弊社は「プロフェッショナルに眠っている潜在的価値を解き放ち、日本から全世界を活性化させる」というヴィジョンを掲げております。

「企業法務」という領域で、byLegal は弁護士というプロフェッショナルが集うコミュニティを創造し、その環境を活用することで、皆様が本業に集中できる世界の実現を全力でサポートします。法務課題における転ばぬ先の杖、byLegal を思う存分使い倒してください。

株式会社 ATTIVITA　byLegal
https://service.bylegal.jp/

<弁護士リスト　事例>

	事務所名	案件内容	弁護士
1	森・濱田松本法律事務所	会社法：	松村祐土、石井裕介
		競争法：	伊藤憲二、宇都宮秀樹
		訴訟・紛争：	関戸麦
		個人情報保護法：	田中浩之
		中国法：	石本茂彦
		労働法：	高谷知佐子
		タイ法：	秋本誠司
2	アンダーソン・毛利・友常法律事務所	競争法：	矢上浄子
3	ＴＭＩ総合法律事務所	会社法：	十市崇
4	西村あさひ法律事務所	金商法：	太田洋
		個人情報保護法：	河合優子、石川智也
		シンガポール法：	山中政人
5	長島・大野・常松法律事務所	危機管理：	塩崎彰久
6	潮見坂綜合法律事務所	知財：	渡邊肇、高橋元弘
7	中村・角田・松本法律事務所	会社法：	中村直人
8	三浦法律事務所	会社法：	三浦亮太
9	桃尾・松尾・難波法律事務所	競争法：	向宣明
10	法律事務所 Zero	訴訟・紛争：	小笠原匡隆
11	石嵜・山中総合法律事務所	労働法：	石嵜信憲、山中健児
12	麻布国際法律事務所	入国管理：	入江源太
13	AsiaWise 法律事務所	アジア全般：	久保光太郎
14	東京国際法律事務所	会社法：	山田広毅
15	宮内・水町 IT 法律事務所	電子契約：	宮内宏
16	鳥飼総合法律事務所	税法：	鳥飼重和
17	ミュラー外国法事務弁護士事務所	ドイツ法：	ミヒャエル ミュラー
18	サウスゲイト法律事務所・外国法共同事業	国際紛争（CA）：	木下万暁
19	Weil, Gotshal & Manges	競争法（米国）：	Adam Hemlock
20	Arnold & Porter	競争法（米国）：	James Cooper
21	AXINN	国際紛争（NY）：	Jason T. Murata
22	WilmerHale	競争法（米国）：	Thomas Mueler, Heather Nyoung'o
23	DLA Piper	国際紛争（米国）：	野中高広

24	COVINTON	国際紛争（米国）：	Edward H. Rippey
25	Finnegan	輸出管理（米国）：	Yoshida, Naoki
26	Allen & Overy	競争法（英・EU）：	Philip Mansfield, Jonathan Hitchin
27	Clifford Chance	国際紛争 （英・EU）：	Elizabeth Morony, Michael J.R. Kremer
28	Hengeler Mueller	競争法（ドイツ）：	Hans Jorg Niemeyer
29	Gleiss Lutz	ドイツ法：	Silke Englebert
30	STOCKWOODS	競争法（トロント）：	Samuel M. Robinson
31	LCM	競争法（ケベック）：	Bernard Amyot
32	Kim & Chang	韓国法：	Juhyun Park
33	SHIN & KIM	韓国法：	金潤希
34	Yulchon	競争法（韓国）：	Park Sung Bom
35	太平洋法律事務所	労働法（韓国）：	金在昫
36	Formosa Transnational 萬國法律事務所	競争法（台湾）：	程春益、洪邦桓
37	Lee and Li Attorneys at Law 理律法律事務所	台湾法：	Yvonne Y. Hsieh, Ken-Ying Tseng.
38	Stellex Law Form 有澤法律事務所	台湾法：	劉志鵬、黄馨彗
39	King & Wood Mallesons 金杜律師事務所	中国法：	劉新宇、陳天華（北京）
40	HAN KUN Law Office	競争法（中国）：	馬辰
41	FANDA　方達法律事務所	中国法：	孫海萍（上海）
42	ALLBRIGHT　錦天城法律事務所	中国法：	丁明勝（蘇州）、 高田（シンセン）
43	Fred Kan	香港法：	武藤錬太郎
44	Sycip Salazar Hernandes & Gatmaitan	フィリピン法：	Jefferson M.Marques, Danio R.Deen
45	ROMULO LAW OFFICE	フィリピン法：	Carrie Bee HAO
46	Shearn Delamore & Co.	マレーシア法：	Datin Grace C.
47	Allen & Gledhill	競争法（シンガポール）：	Daren Shiau
48	RAJAH & TANN SINGAPORE	シンガポール法：	Miyoko Ueno
49	Dentons Rodyk	シンガポール法：	Gerald SINGHAM
50	Barbosa Mussnich Aragao	競争法（ブラジル）：	Marcos Exposto

PART14
翻　訳

① AI翻訳サービスの導入

これまでの翻訳者を使った翻訳サービスは、コストが非常に高く、翻訳作業にある程度の日数も必要となることから、法務部門が気軽に利用できるサービスではなかった。そのような環境の中で、Googleが無料翻訳サービスの提供を始めたことにより、そのサービスの利用が一気に広がったが、セキュリティーの問題があり、法務部門がこのサービスを利用することは難しい状況であった。しかし、このところAI翻訳サービスを提供するベンダーの数が増え、従来の環境が大きく変化している。

現在、ロゼッタ（T-400）、NTTコミュニケーションズ（COTOHA Translator）、富士通（Zinrai）等が、AI翻訳サービスを提供しており、これらのサービスを導入している企業が急増している。特にT-400は、対応可能な言語が100言語以上もあり、特定の分野を指定して翻訳の精度を上げることも可能で、さらに多様なデータファイルに対応しているため、非常に便利なサービスとなっている。

AI翻訳サービスの精度については、簡易翻訳として十分に使えるレベルにあり、私自身も日常業務の中で重宝しており、業務スピード向上を目的として、生産性改善の方法でこのサービスを利用している。実際には、早く文書の概要を把握したい場合に利用するケースが多く、また、プレゼン資料のPPTデータを翻訳すると、翻訳文をテキストボックスの中に収めることが可能で、プレゼン資料を翻訳する際の編集作業を短縮することができる。さらに、翻訳業者へ翻訳を依頼するケースと比較して、10分の1程度のコストでサービスを利用することができるため、コスト削減につながると同時に、何よりも手軽にこのサービスを利用することができる。

AI翻訳サービスの翻訳精度がまだまだではないかという批判の声もあるが、AI契約書審査サービスと同じで、AI翻訳サービスは人間の代わりになるツールではなく、人間の作業を支援するツールである。したがって、しっかりと活用方法を考えて利用すれば、非常に便利なツールであるといえる。

実際のところ、国際取引の多い法務部門では、日常業務を行う上での必須ツールになりつつある。ただし、翻訳を全面的にAI翻訳サービスに頼ってしまうと、法務担当者の語学力の低下という副作用があるため、その利用範囲については、法務担当者の語学レベルに合わせて、慎重に検討していかなければならない。

2 音声翻訳サービスの導入

音声翻訳サービスについては、TVで積極的にCMが流されていた時期もあったため、その機能と翻訳の精度に注目していた。音声翻訳サービスを利用できる可能性と翻訳の精度を探るため、実験的にソースネクストのPOCKETALKを日本語とタイ語間の翻訳で使ってみたが、簡易翻訳としては十分に使えるレベルであった。例えば、海外現地子会社をモニタリングする際に、英語ができない現地社員は、通訳を使う必要があるが、直接質問を行いたいケースや、そもそも通訳を通じたコミュニケーションがうまくいかないケースもあり、その際に音声翻訳サービスを使ってコミュニケーションを円滑に進めることができる。

現在のところ、音声翻訳サービスは、AI翻訳サービスと同じで人間の代わりになるツールではなく、コミュニケーションの支援ツールとしてこのサービスを活用できる可能性があると考えている。

Legal Tech サービス紹介⑨

オンライン AI 自動翻訳　ロゼッタ「T-400」

「T-400」（ティー・フォー・オー・オー）は、契約書類をはじめとした法務・法律・特許などの専門文書を瞬時に翻訳できるオンライン AI 自動翻訳です。開発は長年翻訳業務に従事してきたロゼッタ社。専門領域ごとに独自に蓄積した膨大な対訳データ（日本語と外国語が対になったデータ）をスーパーコンピュータで高速・高度に解析し、NMT（ニューラル・マシン・トランスレーション、いわゆる「AI 自動翻訳」）技術によって人間による翻訳に迫るほどの高精度な翻訳アウトプットを実現していることから、実務に使える自動翻訳として企業や官公庁・独立行政法人、大学、医療機関等に広く普及しています。

また、インターネット経由ながら堅牢なセキュリティ体制で大手法律事務所やメガバンクをはじめ金融機関などにも採用されており、秘密文書扱いの契約書類も安心して翻訳できることから、企業法務部門、コンプライアンス部門、経営企画部門等において高い評価を得ています。

◆リーガルテックとしての T-400

海外との商活動において、法律・規制・コンプライアンスに関連する業務は、相手先に関する調査、契約書の締結から、製品設計、ラベル表示等まで多岐にわたります。T-400 は、契約書や法令を高精度に翻訳することはもちろん、2000 もの専門分野に対応しているため、相手国の法令、業界の国際ルールや規制をタイムリーに把握することを可能にする自動翻訳ツールです。

○ T-400 の特長

・AI 翻訳技術（NMT）採用
・2000 分野におよぶ専門分野ごとの翻訳エンジン：専門分野に強く業界用語に対応
・Word/Excel/PPT ファイルをそのまま翻訳：作業手間なし
・PDF ファイルも翻訳可：デジタルデータから変換された PDF だけでなく、紙をスキャンした画像 PDF にも対応（自動文字認識）
・長いセンテンスでも高精度に翻訳（他の自動翻訳と比較して、訳抜けや訳切れが圧倒的に少ない）
・高い処理能力（例えば 20 ページの英文契約書なら数分で翻訳）
・100 以上の言語に対応
・ユーザー辞書の登録可
・自動翻訳結果をチェック／修正するための機能が豊富
・頻出用語の自動学習機能
・堅牢なセキュリティ体制
・運用セキュリティ強化のためのオプション（IP アドレス制限、二要素認証、専用 DB 暗号化）
・電話対応も可能なきめ細かいサポート体制
・ユーザーの声・要望が届きやすい開発・販売一体型（自社開発）
・ユーザー同士でナレッジ等の共有ができるオンラインコミュニティあり

◆ T-400 の導入事例

○大手法律事務所

　大手法律事務所では、所内のスタッフ全員が T-400 のアカウントを保有し業務効率化に活用しています。また、クライアントから

○ T-400 に搭載されている法務分野エンジンの例

法務
契約書
≪売買・販売代理契約≫
≪売買契約≫
≪建物・土地売買契約≫
≪販売代理契約≫
≪フランチャイズ契約≫
≪売買・販売代理契約≫（その他）
≪秘密保持契約≫
≪IT関連契約≫
≪知的財産ライセンス契約≫
≪業務提携契約≫

～ 中略 ～

法令
法令（経済産業）
法令（厚生労働）
法令（エネルギー）

～ 中略 ～

特許・知財
特許
商標
実用新案

～ 後略 ～

の英文契約書の翻訳依頼への対応スピードが従来の数倍となり収益アップも実現しました。

○国際法律事務所

国際法律事務所では、海外の法改正や通達をいち早くキャッチするために本国のサイト情報の翻訳を T-400 で実施し、素早いリスク対応の提案で他社との差別化につなげています。

○日本法人（大手メーカー）の法務部門

海外への輸出が多い大手メーカーの法務部門では、取引先企業の与信のための事前調査や契約書ドラフトの確認作業に T-400 を活用し、リスク回避とビジネス活性化の両軸での法務チェックを促進しています。

○日本法人（大手 IT）の法務部門

技術リソースを世界中から調達している IT 大手では、多岐にわ

○ T-400 に搭載されている業界ガイドラインエンジンの例

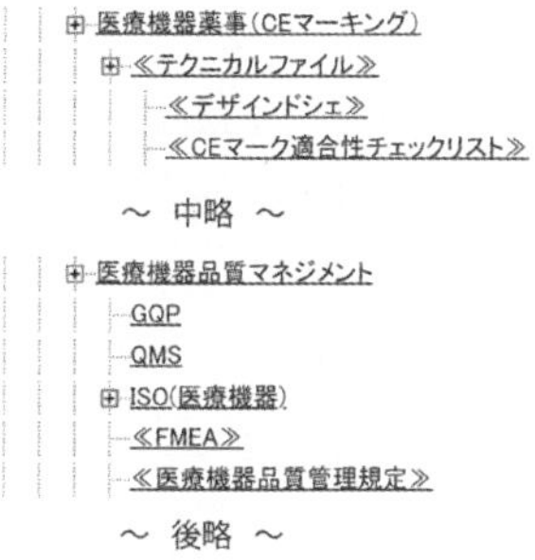

医療機器薬事（CEマーキング）
《テクニカルファイル》
《デザインドシエ》
《CEマーク適合性チェックリスト》
～ 中略 ～
医療機器品質マネジメント
GQP
QMS
ISO(医療機器)
《FMEA》
《医療機器品質管理規定》
～ 後略 ～

たるライセンス規約や契約のチェック、商標や特許の確認など、法務に関連する膨大な外国語のドキュメントから注視すべきポイントを効率よく把握する目的で T-400 を活用しています。

○外資系企業（医療機器）の営業部門

本国からの技術資料や業界情報を翻訳することはもちろん、日本の厚生労働省からの通達を英訳して本国に報告する際に T-400 を活用し、業務効率を大幅に改善し本国との意思疎通もスムーズになりました。

◆翻訳の精度と NMT

「T-400」は、NMT（ニューラル・マシン・トランスレーション）と呼ばれる技術をベースに開発されています。これは、人の脳を模した（ニューラルな）ネットワークモデルを用いたディープラーニングによって膨大な対訳データ（いわゆるビッグデータ）を AI に学習させることで翻訳の精度を高めるもので、それまでの機械翻訳・自動翻訳の「実務に堪えない」というイメージを大きく覆しました。とくに 2016 年に Google 翻訳がこの NMT を採用した結果、その精度が飛躍的に向上したことで、自動翻訳における先端技術として認識されるようになりました。

しかし、NMT は万能ということではありません。NMT 全般の特徴として、人による翻訳のような流暢で自然な文章で翻訳されるという利点がある一方、一言一句を置き換えるような翻訳ではないために訳抜けや訳の省略という現象が生じます。また、AIが学習する元となるデータ（学習データ）の内容や質がAIのアウトプットに影響するため、翻訳エンジンの性能はもとより、学習データの質と量がAI翻訳の結果にとても重要な役割を果たします。

「T-400」は、このNMTの欠点とも言える部分を独自の技術で補っています。

訳抜け・省略は、独自の技術でその発生率を最小限にとどめており、さらにユーザーにおけるチェック作業が効率よくできる高度な編集機能を備えています。

学習データについては、汎用的な自動翻訳と異なり専門分野ごとに良質な学習データを収載、それらをAIに学習させ分野別の翻訳エンジンを搭載しています。その結果、例えば法務分野であれば、法務特有の表現や、複雑な長文を適切に翻訳します。学習データには、さまざまな業界における国内外の公的文書やガイドライン等も含まれており、法務担当者には馴染みの薄い業界固有の用語等にも対応しています。

また、「T-400」が持ちえないユーザー独自の業界用語や社内用語にも対応できるよう、ユーザー自らが使用頻度の高いセンテンスを「T-400」に登録させることで、特殊な業界用語、社内用語を自動学習させられる機能があります。「T-400（ティー・フォー・オー・オー）」の名称は、この自動学習機能からつけられています（Translation for(4) Onsha Only）。

◆柔軟な料金体系

「T-400」は、部署内での少人数での利用から全社的な導入まで、用途に応じた料金体系で、導入規模や利用用途に合わせて無駄なく運用できるようになっています。

また契約内容にかかわらず、電話でのユーザーサポートや導入時の説明会、オンラインユーザーコミュニティへの参加など、利活用のサポートを追加費用なしで受けることができます。
初期費用：ユーザー数に応じて
自動翻訳年間利用料：利用ボリュームに応じて
（例　10ユーザーの場合、1ユーザー3,000円／月）

◆開発会社について

「T-400」の開発元である株式会社ロゼッタは、「我が国を言語的ハンディキャップの呪縛から解放する」というミッションのもと、10年以上にわたり自動翻訳の実用化をリードし続けています。企業向けの人手による産業翻訳受託事業を前身とし、AI技術力をプラスすることで、日本の民間企業としては類をみないAI自動翻訳開発会社となりました。

日本は、グローバルの舞台で「英語学習」という途方もないハンデを背負っています。熾烈な競争を勝ち抜きながら、ネイティブと張り合う語学力も身に付けるのは涙ぐましい努力といえますが、見方を変えれば、優秀な人材や貴重な時間を無駄にしているとも考えられます。ロゼッタは、日本企業に本当に必要なことは、語学習得のコストを消滅させ人材本来の能力を十分に発揮できる環境を創出することだと考えている会社です。

株式会社ロゼッタ　T-4００
https://www.rozetta.jp

PART15
デジタルフォレンジック

1　デジタルフォレンジックサービスの導入

訴訟手続の中でディスカバリー制度がある国では、Eメールを中心とした電子データを対象としてeディスカバリーを実施しなければならず、競争法等で各国の監督官庁から調査開始通知等を受け取った場合も、同じくeディスカバリーを実施する必要がある。また、最近の不正調査では、Eメールを中心とした電子データを収集して分析する、デジタルフォレンジック調査を行うケースが増加している。

2　eディスカバリー

eディスカバリーは、一般的に、まず対象となるデータを特定してから、データプリザベーション・コレクション（データ保全・収集）、データプロセッシング（データ処理）、データホスティング（データ保存）、ドキュメントレビュー、プロダクション（作成）、プレゼンテーション（提出）という作業が予定されており、これらに付随して各種のコンサルティングサービスをベンダーから受けることになる。

データ保全・収集は、PCやサーバーからデータを保全して抜き出す作業で、文書保存期限が管理されていない会社では、膨大なデータを保全・収集する必要があり、コストがかさむ。また、

PCデータを保全・収集するする場合は、それぞれの社員のPCデータを個別に対応する必要があり、多くの国に対象者が点在している場合は、どのようにして効率的に保全・収集作業を行うかを考えなければならない。コストは、PC 1台当たりの作業単価と交通費で算定されることが一般的である。

データ処理とデータ保存は、ベンダーが実施する作業であるため、企業側に作業は発生しないが、保全されたデータ量によっては費用がかさむ作業になっている。データ処理とデータ保存のコストは、GB当たりの単価×データ量で算定されることが多い。

ドキュメントレビューは、キーワード検索等によって抽出されたデータを実際にレビューして、案件に関係するデータを抽出する作業で、通常、一次レビューと二次レビューが行われる。特に一次レビューは、レビューを実施するデータ量が多く、コストがかさむため、なるべく単価の安いサービスを選択しなければならない。また、レビュー量が多い場合は、レビュワーの数を確保する必要があるため、大量のレビュワーを短期間で確保できるサービスを選択する必要がある。レビューコストは、それぞれのレビュワーの能力に応じた単価×作業時間で算定される。レビュー作業を行った結果、開示の対象となるデータが確定し、ベンダーが作成、提出作業を行う。

ベンダーによって、それぞれの費用体系が異なっており、それぞれのプロセス全体を見据えて、全体で最適なコストを検討しなければならない。経験則から見ると、データ保存とドキュメントレビューのコストが最もかさむことから、この2つのコストをいかに抑えていくかが課題となり、ベンダーとの単価交渉がコスト削減の鍵となる。現在、日本でこれらのサービスを提供している主要なベンダーは、FRONTEO、EPIC、KL Discovery等の独立系ベンダー、PwC、KPMG、EY、Deloitte等の監査法人系ベンダーがある。eディスカバリーは作業量が多く、数千万円というコストは普通で、数億円単位のコストが発生するケースもまれではないことから、コストを最優先に考える必要があり、コストに敏感な独立系ベンダーを選択したほうが有利なケースが多い。最近は、AI技術を使って、レビュー対象データを減らすという取組を各ベンダーが行っており、作業単価に加えて技術的な要素も検討に加える必要があるが、事実上、ベンダー間の技術的な差を検証することは難しく、法務部門にとって課題となっている。

特にFRONTEOは、海外に拠点を持ち、広い範囲でデータ保全・回収作業を行うことが可能で、営業担当者と技術担当者の連携も素晴らしく、対応スピードを含めたサービス全体の質が高い。また、レビュワーの数も豊富でレビューコストが安く、データ保存等のコストも柔軟に対応できるため、トータルコスト削減に貢献するサービスを提供していることから、私自身はFRONTEOのサービスを活用している。

③ デジタルフォレンジック調査

デジタルフォレンジック調査も同じような作業が予定されており、ほぼ同じベンダーがサービスを提供している。特に不正調査は、調査ノウハウが重要であり、ノウハウを持った法律事務所とベンダーをセットで利用するケースが多く、法律事務所とのコネクションを持つ監査法人系のベンダーが活躍している。デジタルフォレンジック調査は、作業量がそれほど多くならないケースが多いため、コストと品質のバランスを考慮する必要があり、特にノウハウを含めたベンダーの作業の品質と、事案を担当する担当弁護士との相性を優先的に考えるケースが多い。また、不正調査の場合は、調査作業の開始を急ぐことが多く、ベンダー選定に時間をかけることができないケースも多いことから、eディスカバリーと比較すると、どうしてもコストは高めになってしまう傾向がある。

デジタルフォレンジック調査に付随して、不正発見時だけではなく、日常的にメール等を監視するサービスも提供されているが、費用対効果の関係で平時から導入する企業は少なく、過去に大規模な不祥事が発生した一部の企業で、常時監視サービスが活用されている事例があるようである。

eディスカバリーとデジタルフォレンジック調査は、市場原理が適切に働いており、各ベンダー間で激しく競争が行われているため、案件が発生すれば、相見積を取得してコスト交渉を行うことが望ましい。したがって、案件発生時に法律事務所からベンダーの紹介を受けるよりも、日頃からサービスを提供するベンダーと相見積をすぐに取得できる関係を構築しておくことが求められる。デジタルフォレンジックは、まさに人脈と経験が生きる世界であるといえる。

Legal Tech サービス紹介⑩

FRONTEO　eディスカバリ支援、デジタル・フォレンジック調査

◆国際訴訟eディスカバリ支援

FRONTEOはアジアにおけるeディスカバリ総合支援企業のパイオニアとしてデータの特定、保全・収集からデータの処理、ドキュメントレビュー、提出データ作成（プロダクション）にいたるまでワンストップサービスを提供し、リーガルテックの分野に貢

献してきました。人工知能「KIBIT（キビット）」を搭載し、アジア言語処理に優れたデータ解析プラットフォームとして進化してきた自社開発ソフトウェア「Lit i View E-DISCOVERY（リットアイビュー・イーディスカバリ）」によって、eディスカバリにかかるコストと時間を削減します。

FRONTEOのeディスカバリ支援サービスはeディスカバリワークフローを示した「EDRM（Electronic Discovery Reference Model）」に沿ったワンストップサービスを提供し、お客様から大きな信頼を得ています。

図1　EDRMに沿ったワンストップサービス

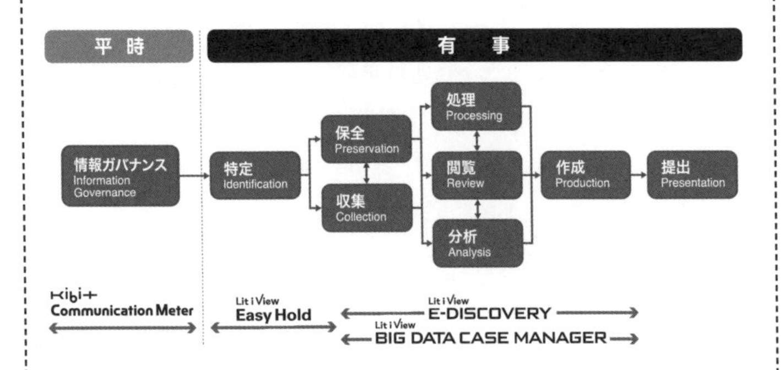

（1）　ワンストップサポート

日本、北米、韓国、台湾にデータセンターを構え、お客様のデータを国外に持ち出すことなく保管できる体制を整えています。証拠保全からプロセス、レビュー、提出までeディスカバリすべての工程をワンストップでサービスを提供します。また、米国子会社FRONTEO USAを米国訴訟対応の軸に、お客様企業の本社、現地法人、国内外法律事務所の3つのキープレーヤーに対してシームレスにサービスを提供しています。

〇主な特徴

・24時間365日対応可能なグローバルオペレーション

・多数のクロスボーダー案件の実績有り
・eディスカバリ・フォレンジック・ITに関わる認定資格を持つエンジニアによるサポート
・日本・アメリカ・韓国・台湾にデータセンターを保有し、自国内でのデータ保管が可能
・生体認証システム、Evidenceのバーコード管理、ストレージルーム内の温度管理（HDD故障防止）などデータの安全性を確保

図2　FRONTEOグローバル拠点

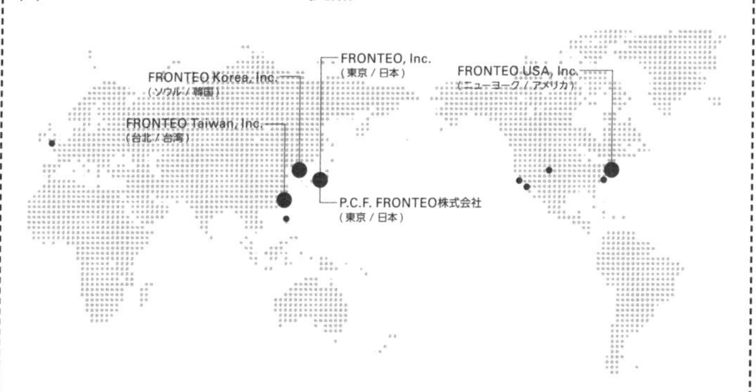

（2）　アジア言語対応

欧米のeディスカバリ・ソリューションでは、日本語や中国語に代表されるマルチバイト文字への対応が不完全なため「文字化け」が発生し、その結果、証拠の発見に大きな支障をきたすという欠点がありました。

FRONTEOは日本語特有の文字コードへの対応をはじめ、アジア言語特有のマルチバイト文字にも幅広く対応しており、日本語・韓国語・中国語などの多言語を含む電子文書を、正確に処理することが可能です。

（3）　人工知能応用技術

人工知能「KIBIT（キビット）」を応用した独自の文書レビュー

ツール「KIBIT Automator（キビット・オートメーター）」は、eディスカバリ工程において費用の70%を占めるレビュー工程の大幅なコスト削減、正確性・迅速性の向上を実現しています。この技術は、プログラムが「弁護士の仕分け方法」を学び、その方法でプログラム自身がレビューを行う最先端技術です。これによりレビュアー（人間）の閲覧速度と比較すると、おおよそ4,000分の1に時間を短縮することができます。また、Assisted Learning機能により、本来調査対象として収集した文書のうち何割までレビューすれば一定の割合の「関連性あり」文書が見つけられるのかシミュレーションが行えます。その結果、本来調査対象として収集した文書の約1/3〜1/2を「読まなくてよい文書」として対象から除外することができ、加えて読むべき重要文書を優先的に調査することが可能となり、調査期間の短縮が図れます。

（4） ドキュメントレビュー

ドキュメントレビューとは、デジタル・フォレンジック技術で訴訟に関連する可能性のあるデータを絞り込んだ後に行われる人の目視による文書仕分け作業のことです。

FRONTEOは日本、アメリカ、韓国、台湾にレビューセンターを有し、それぞれの言語でのレビューサービスを提供しています。レビューツールは自社開発ソフトウェア「Lit i View」だけではなく、Relativity他、さまざまなレビュープラットフォームから担当弁護士、お客様のご要望に応じてご選択いただけます。

◆デジタル・フォレンジック調査

FRONTEOはデジタル・フォレンジック調査のリーディングカンパニーとして、お客様のもとで起きているさまざまなインシデントについて把握し、最も効果的でコストパフォーマンスの高い調査提案をいたします。調査はPC・スマートフォンをはじめとする各種デバイス・システム内のログファイル、ビックデータ解析まで多岐にわたり対応いたします。

図３　デジタル・フォレンジック調査の流れ

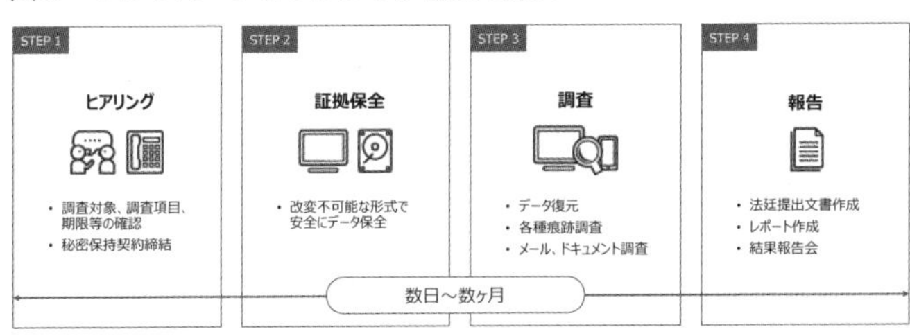

日本におけるデジタル・フォレンジック黎明期より、FRONTEOはさまざまな調査を行ってきました。その経験をもとに、お客様のニーズに合わせた調査提案を行い、実行力のある調査を実施いたします。フォレンジック調査の活用の幅は広く、「デジタルデータの解析が必要な分野」への適用が可能です。当社で多くのご相談を受けている案件例としては以下が挙げられます。

情報漏えい／不正アクセス／データ改ざん／横領・キックバック／国内談合／購買不正／労務問題／怪文書作成元特定／ハラスメント問題／セキュリティ事案／民事訴訟における証拠保全／捜査機関向け委託（鑑定）調査

FRONTEO のフォレンジック調査サービスのステップは、「ヒアリング」「証拠保全」「調査」「報告」の４つにステップ区分されています。調査期間は調査範囲や調査対象のデバイスの数・容量によって変化します。当社の実績では数日～数か月の調査例があります。

（1）　ヒアリング

調査を行う上で「問題の把握」は、初歩的ではあるもののアプローチの良し悪しで調査全体の方向性や品質に影響が生まれるため、重要なポイントとなります。

当社とお客様との間でNDA（機密保持契約）を締結した上で、「現在の状況」と「明らかにしたい事実」を整理し、「期限」「優先度」「予算」等をもとに“最も効率の高い調査提案”を専門の調査士が実施いたします。

（2）　証拠保全

証拠保全は、失敗が許されない調査における最重要ステップです。ご要望に応じてお客様のもとで証拠保全作業を実施いたします。当社では2つのポイントを重要視しています。

①　証拠性の担保

証拠物のデータ保全においては、データの削除領域を含めて改変不能なイメージファイル形式で収集（コピー）いたします。

また、作業においては写真撮影、ログ等の記録を行い、複製元と同一のデータであることを保証する証明書（Evidence Control and Chain of Custody Document）を作成いたします。

②　調査を見据えた保全作業

調査の要件をもとに、収集すべきデータを保全いたします。近年においては、企業のセキュリティ対応（暗号化や書き出し制限対応など）が進み、正しく証拠保全をしなければ、調査に必要なデータを不完全な状態で保全されてしまうことがあります。暗号化の種類によっては調査・解析の深度が変わる場合がございます。

（3）　調　査

①　データ復元

フォレンジック調査においては、まず「データの復元」を実施いたします。

市販のツールでは復元できないデータやメールについても、当社が使用しているツールであれば復元できる可能性があります。復元率はデバイス種類や使用状況によって変わります。

②　各種調査

ヒアリングで決定した項目について調査を行います。

調査は「ドキュメント・電子メール調査」「ファイルのメタデータ（プロパティ情報）調査」「ソフトウェアのインストール履歴調査」「外部接続媒体（USB メモリ、外付け HDD ドライブ等）の接続履歴調査」「Web アクセス履歴調査」はもちろん、「ネットワーク関連の設定状況調査」や「ログイン状況調査」等実施することが可能です。また、大量のログデータ解析についても対応可能です。

（4）　報　告

調査の結果については所望の提出方法にてご提供（納品）させていただきます。提出方法には「復元データファイル」「ファイル一覧（Excel 形式）」「調査報告書」などがあります。

株式会社 FRONTEO
https://www.fronteo.com/

PART16

コンプライアンス

1　コンプライアンス教育へのサービス導入

企業がコンプライアンス推進活動を行うに当たって、最もコストをかけているものは、間違いなくコンプライアンス教育であるため、その結果としてコンプライアンス教育に対するサービを提供するベンダーが多い。

最近は、講師と受講者の対面による教育ではなく、Eラーニングを活用した教育が増加しており、数多くのベンダーがEラーニングサービスを提供している。Eラーニングサービスの利用形態としては、教育コンテンツを社内で作成し、そのコンテンツをEラーニングベンダーのプラットフォームに載せて教育を行う場合と、教育コンテンツを含めてEラーニングベンダーのプラットフォームを活用する、いわゆるフルサービスを利用して教育を行う場合がある。

教育コンテンツを含めたフルサービスは、利用者側の事務作業が軽減されるため事務コストが削減されるが、トータルでの教育実施費用が高額になるという難点があり、トータルコストの観点から両者を比較検討する必要がある。また、提供されるコンテンツ自体が会社のニーズに合っていない可能性もあるため、コンテンツの内容を慎重に確認しておく必要がある。私自身は、教育コンテンツは社内で作成し、Eラーニングベンダーのプラットフォームを使ってEラーニングを実施しており、トータルコストと品質のバランスを考えると、この手法が望ましいのではないかと考えている。

2 教育コンテンツの作成

コンプライアンス教育を行うに当たっては、教育コンテンツの準備を行う必要があり、最初に教育受講者のレベル設定を行ってから、教育コンテンツを作成していく。法務担当者が作成する教育コンテンツは、法律に関連する文言が大量に挿入されており、難しくなりがちで、何よりも文字数が多すぎることが課題になるケースが多い。受講者は、シンプルで文字数の少ない教育コンテンツを求めている。また、教育の時間については、集中力と日常業務への影響を考えると、30分以内に終了するコンテンツを作成することが望ましく、私自身は、20分以内に終了するコンテンツを標準としている。

日本における教育コンテンツの作成については、HTCの「こんぷろカスタム」を利用してコンプライアンスに関連する教育コンテンツを作成し、ネットラーニングの「かんたんeラーニング」を活用してEラーニング教育を実施している。「こんぷろカスタム」は、教育コンテンツとして利用できる画像が充実しており、文字だけで味気ない資料になってしまいがちなコンプライアンス教材にこの画像を挿入すると、文字＋イメージで内容をうまく説明することができる。コストは、利用する会社数と人数規模で設定され、オプションを含めて年間20万円程度のコストでこのサービスを利用できる。

3 Eラーニングサービス

Eラーニングサービスについては、ネットラーニングの「かんたんeラーニング」を利用している。このEラーニングサービスは、プラットフォームの操作性がよく非常に操作が簡単で、かつ、修了状況確認、進捗状況確認、学習成績一覧等のデータがダウンロード可能で、解答傾向のチェックや研修内容に関する意見の取集もできる。また、これらのデータを活用して、効果的な受講者へのフォローアップを行うことが可能となっている。コストも手頃な範囲となっており、5,000名利用で年間300万円程度のコストでEラーニングサービスを利用することができる。

海外子会社への展開を考えると、各国のベンダーを個別に起用するケースと海外子会社を含めてベンダーを統一するケースがある。グローバルサービスを提供するベンダーは、コストが高額になるケースが多く、また教育のニーズもグループ会社によって異なることから、会社ごとにベンダーを起用することが現実的であると考えられる。一方で経営理念や行動規範等のグループで統一された教育コンテンツを使用する場合は、全世界の社員に同じ教育を行うため、グローバルサービスの活用を検討する価値がある。

4 内部通報サービス

内部通報については、社外通報窓口を設置することが常識となっており、法律事務所を窓口として活用することが一般的となっているが、最近では、内部通報受付サービスを提供するベンダーを社外窓口として活用するケースも増加している。特に、ディークエスト、Deloitte等が多言語対応の内部通報窓口サービスを提供しており、このようなサービスを導入する企業もある。

運用コストは、言語数と対象人数で算定されるケースが多く、内部通報の受付窓口として、10言語、20,000人レベルで、年間500万円程度の運用コストが発生する。実際のところ、運用コストがかなり高く、このサービスを導入できる企業は、一部の限られた数にとどまっている。多言語対応が可能な内部通報受付サービスに対する企業ニーズは高いことから、より低コストのサービスが出現すれば、一気に導入企業が増えると予想される。

また、内部通報制度は、内部通報を受け付けた後、調査を実施するケースが数多く発生し、その調査にも多大なコストをかけている。内部通報調査は、社内担当者、法律事務所、外部調査機関を使って行われるが、特に法律事務所と外部調査機関を使う調査について、必要なコストをある程度固定化できるとよいと考えている。

多言語対応が可能な内部通報窓口サービスと内部通報調査がセットになって、合理的な費用で提供されるサービスの出現を待っている。

5 社内意識調査

企業におけるコンプライアンスに対する認知度を把握する上で、社内意識調査を実施することは重要なコンプライアンス推進活動であるといえる。このような意識調査は、毎年、定期的に同じ質問を繰り返し、年度による数値データの推移を確認していくことが重要である。また、他社の数値データとの比較を実施できれば、自社のポジションを正確に把握することができるため有益である。

社内意識調査については、イー・コミュニケーションズ（WiSSDOM）が他社のデータと自社のデータを比較できる意識調査サービスを提供しており、意識調査を通じて自社の強みと弱みを発見できるため、コンプライアンス推進活動の効果を測定し、活動領域のプライオリティーを定める上で、有効なツールとなっている。私自身もコンプライアンス推進活動のモニタリングツールとして活用している。運用コストは、回答する人数規模で設定され、5,000人規模で100～150万円程度で、手頃な価格である。

6 その他

その他としては、競争法におけるカルテル防止対策として、競争会社と接触する場合は、事前申請や事後報告を行う制度を導入している会社が多く、これらの報告制度をシステム化すると、申請手続の利便性が高まり、結果的に運用の実効性が高まる。また、インサイダー取引規制に関係する自社株売買申請や、反贈収賄規制に関係する交際費申請等についても、申請手続をシステム化すると運用の実効性が高まり、申請漏れの件数を削減することができる。いずれのシステムも簡単なワークフローシステムで構築できるため、これらの申請手続を早期にシステム化することが望ましい。また、現在、私自身は、コンプライアンス推進活動とリスク管理活動の標準化に取り組んでおり、それぞれの評価基準を定めて、活動全体を標準規格化することを計画している。近い将来、これらの標準規格が完成すれば、運用手続のシステム化を検討したいと考えている。

Legal Tech サービス紹介⑪

e ラーニング作成ツール「かんたん e ラーニング」

◆提供会社とサービスの概要

かんたん e ラーニングは、株式会社ネットラーニングにより提供されている e ラーニング作成ツールです。ネットラーニングは、1998 年 1 月に e ラーニング専業の会社としてスタートし、現在はさまざまな企業研修のニーズに対応するため e ラーニングだけではなく集合研修を始めとするトータルな教育・研修・学習のデジタルソリューションを提供しています。これまで、のべ受講者 67,700,981 人、5,269 社へのサービス提供を行ってきた実績を持つ会社となります（2020 年 11 月 30 日現在）。今回のサービス「かんたん e ラーニング」は、ネットラーニングが保有する LMS（ラーニングマネジメントシステム）（Multiverse®：マルチバース）に搭載されている機能の 1 つとなり、搭載機能の中で最も利用者数の多いサービスです。

かんたん e ラーニングは、2011 年のサービスインから、のべ 2,700 万人の方々に受講いただいているサービスで、企業における部門などに依存することなくさまざまな業種、業態、職種において利用されている用途を選ばないツールとして人気を博しています。

◆かんたん e ラーニング

かんたん e ラーニングのコンセプトは、誰にでもかんたんに e ラーニングを作成できることです。e ラーニング作成に必要な専門的な知識などは全く不要で、通常業務で使用している PowerPoint や pdf を原稿とすることができるため、どのような部門に所属されている方でも問題なく e ラーニングコースを作成することができます。

また、ネットラーニングの提供するサービスは、すべて SaaS での提供となるため、専用のソフトウェアをインストールせずともご利用いただくことが可能です。

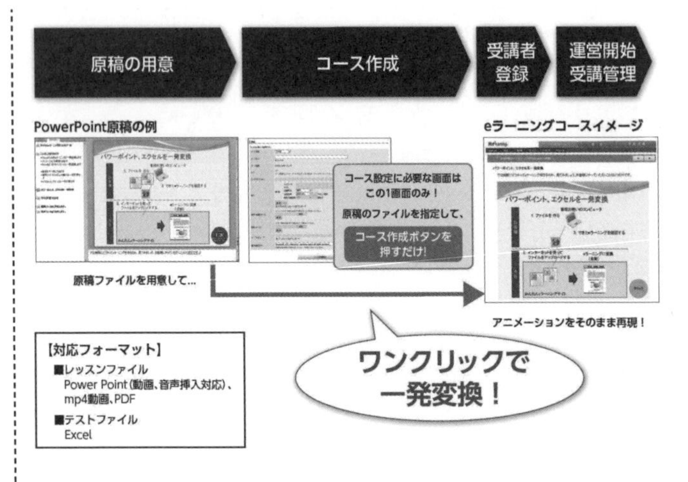

このように、かんたんｅラーニングでは、学習効果を高めるコース設定に基づく本格的なｅラーニングコースを普段から使用するアプリケーション（PowerPoint や pdf、Excel）を使って、作成・配信・開講までワンストップで実現しております。ｅラーニングコースの構成は、レッスン及び確認テストで１つの章を構成し、最大８つの章を作成することができます。学習の終わりには、コースレビュー（アンケート）を挿入し、受講者からのフィードバックを得て次回以降の研修、新規研修の企画などに活かすことができます。

具体的なｅラーニングコースの作成方法は、コースの原稿を用意いただき、

1. コース名を決める
2. コース原稿を添付する
3. アンケート（コースレビュー）を添付する
4. コース作成開始ボタンをクリックする

上記４つの工程のみで、ｅラーニングコースの作成から開講まで行うことができます。現在は、PowerPoint 自体に音声データ（mp3）や動画ファイル（mp4）などを添付することや、PowerPoint

に搭載されているアニメーションも作成したｅラーニングコース内で再現することが可能です。また、動画ファイル（mp4）をアップロードしコースの構成要素として利用いただくことも可能です（オプション対応）。

テストについては、用意されているフォーマットを活用し作成できるのでシンプルであり、画像ファイルも挿入できるので表現力の高いテストを作成することができます。

これまで、かんたんｅラーニングは多くの企業において、コンプライアンス研修、商品知識や営業研修などの各種業務研修、また資格取得向けの研修などに利用されてきております。

また、管理者はマルチバース上でコース作成と同じID／パスワードを利用し、受講者の学習進捗を確認したり、必要なデータをcsvファイルでダウンロードしたりすることができるため、必要なデータを加工して社内の報告書作成にもご活用いただくことができます。ダウンロードできるデータも「修了状況確認」「進捗状況確認」「学習成績一覧」「コースレビュー一覧」など多岐にわたり、受講者の学習進捗だけでなく、解答の傾向、研修内容に関する意見の集約も可能です。これらのデータを活用することで、効果的な受講者へのフォローアップなどを行うことができるようになります。

◆ｅラーニングの運営について

ネットラーニングのサービスの特長のひとつに、運営（受講者の登録設定、開講通知案内、受講促進など）のアウトソースがあります。実はこれらの運営業務が想像以上に研修担当者の業務負荷を圧迫していることがあります。運営業務をアウトソースすることで、空いた時間に新しい研修の企画・作成を行ったり、また別の業務を行ったりと研修担当者の業務効率を上げるなど業務効率をあげることが可能です。この研修運営のアウトソーシングは、かんたんｅラーニングを採用いただいている企業・団体様で大変ご好評いただいているサービスとなります。ご依頼内容について、すべてフォーマットをダウンロードして作成することができますので、必要事項を記入するだけで、手間をかけることなくご用意・ご依頼いただくことが可能です。

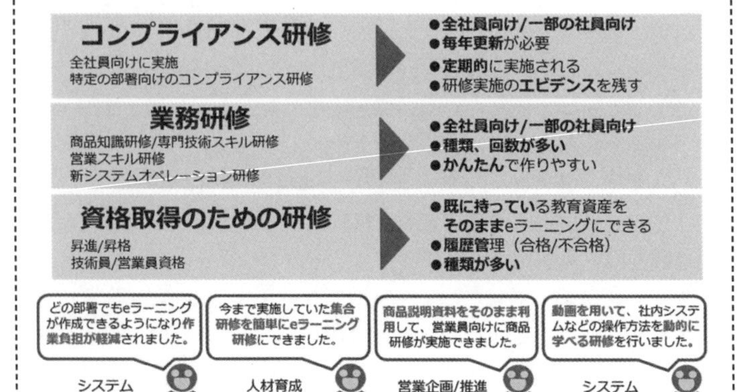

◆マルチバースのその他の機能

マルチバースには、かんたんｅラーニング以外にも、NetLive（オンライン研修、集合研修、協働ワークを一元管理するシステム）、Learning Tube®（動画配信）、ｅラーニング受講などさまざまな機能が搭載されています。

管理者、受講者それぞれは１つのID／パスワードで利用できる多機能型の研修システムであり、煩わしい研修管理をストレスなくこれまでよりも効果的・効率的に運用することが可能です。

また、2020年からはすでに欧米などで人的資源管理のツールとしてスタンダードとなりつつあるデジタル証明・認証のオープンバッジの普及活動を開始しています。オープンバッジは、スキルを見える化し効率的な人事管理への利用や、取得者に対しては新たなスキルアップのためのモチベーションとして働くなど、さまざまな人材育成の革新的なサービスです。これらネットラーニングの提供するサービス・ソリューションへのお問い合わせは下記までお願いいたします。

株式会社ネットラーニング
https://www.netlearning.co.jp/

PART17

コーポレートガバナンス

① 株主総会実務へのサービス導入

現在の株主総会実務を見てみると、招集通知や株主総会参考書類については、大手事業者である、宝印刷、プロネクサスの双方が、株主総会書類作成支援サービスを提供しており、一昔前のような手書きによる校正ではなく、専用システムを使って株主総会に関連するすべての書面を作成している。

また、近年、株主総会会場で議長の議事進行を支援するサービスも充実しており、これらのサービスを導入する企業が増加している。ただし、これから株主総会のバーチャル化が一層加速することが予想されるため、法務部門としては、バーチャル株主総会に対応したサービスの導入を最優先課題として検討していく必要がある。2020年度から、新型コロナウイルスの影響を受けて、バーチャル株主総会の開催を支援するサービスを提供するベンダーが増加しており、今後の競争激化により、サービスの進化とコストの低減を見込むことができる。

② 取締役会実務へのサービス導入

取締役会運営実務については、取締役会議事録の捺印を事業者署名型の電子署名で対応できるという見解を法務省が出したことにより、取締役会事務局機能のフロー全体をシステム化することが可能となっている。私自身としては、最初のステップとして、非上場会社であるグループ会社の取締役会の招集通知発送、議事録作成、電子署名をまとめて支援するサービスがあれば、ぜひ利用したいと考えている。残念ながら、現在のところ、これらの一連の取締役会事務局フローをトータルで支援するサービスを発掘することができていない。企業のニーズは少なからずあるため、これから便利なサービスを提供するベンダーが出現することを期待している。

将来的には、議題の受付、説明資料の提出、招集通知の発送、説明資料の共有、出欠確認、議事録作成、電子署名といった一連の取締役会事務局フローのシステム化に加えて、音声から議事録のドラフトを作成できるテクノロジーが確立し、高いレベルで製品化されると、大きく取締役会事務局の事務コストが削減される。現状、議事録自動作成ツールを試してみたが、まだ実務で使うには難しいレベルであった。ただし、テクノロジーの進化が早い業界であるため、今後の機能進化と精度向上に期待したい。

3 その他

社内規定管理については、現状、社内のイントラネットの掲示版機能を活用しているが、手作業による管理機能に限界があるため、社内規定の制定と改定、周知の事務フローを含めたソリューションを提供するサービスが求められている。

具体的には、社内規定の作成、承認、周知というプロセスの全体を管理する仕組みを構築する必要があると考えており、多くの関係者がアクセスするサービスが必要となる。

現在のところ、社内規定を管理できるサービスとしては、ASTRUX2.0の機能が優れていると感じる。他の分野と比較すると、コーポレートガバナンス分野については、まだまだ開拓の余地がたくさん残っているといえる状況にあるため、新しいサービスを提供するベンダーが出現することを望んでいる。

PART18
訴訟管理

1　訴訟の管理

裁判所に訴訟が提起されると、訴訟手続の中でさまざまな書面がやり取りされる。日本の訴訟では、訴状、答弁書、準備書面、証拠説明書、陳述書、証拠書類等、さまざまな種類の書面が裁判所を介して、原告と被告間で交換される。特に米国の訴訟では、これらの訴訟に関連する書面の量が日本の2倍以上はあると考えれれる。また、訴訟手続においては、進行スケジュールの管理も重要な業務となっている。

訴訟代理人を活用するケースでは、これらの訴訟関連の書面と進行スケジュールは、代理人を介してやりとりされるため、法務部門が管理するというよりは、代理人となる法律事務所がイニシアティブをとって管理することが一般的である。したがって、法務部門が訴訟関連の書面とスケジュールを管理するニーズは、それほどないと言ってよい。特に、訴訟案件が少ない企業では、このようなニーズ自体がないといえる。

ただし、訴訟の進行途中で、これまでにやり取りされた書面を確認したいというニーズは、法務部門サイドにもあり、Googleドライブや Dropbox のようなデータ共有の仕組みを使って、法務部門と法律事務所の間で訴訟関連の書面を常時共有できるサービスがあると便利である。大型の M&A 等で大量の書面がやりとりされる案件では、このような仕組みが活用されているケースもあるが、運用コスト等の問題から一般的な案件では普及していない。

特に米国訴訟では、訴え棄却の申立て、訴訟の修正、ディスカバリー関連手続、進行スケジュール調整等が大量の書面を通じて行われ、またさまざまな手続が交差して行われるため、よほど丁寧に書面ファイルを管理しておかないと、訴訟進行の途中で読みたい書面を探すことが困難となることが多い。このような場合は、法律事務所に連絡して該当する書面を探さざるを得ない。

② 法律事務所のクライアントサービス

将来的に、法律事務所のクライアントサービスとして、案件依頼を含めた法務部門と所属弁護士とのコミュニケーションができるプラットフォームが構築され、このプラットフォームを通じて、法務担当者と弁護士が日常的な依頼案件に関するコミュニケーションが行われ、そのプラットフォームの機能の1つとして、このような情報共有サービスが提供されることを望んでいる。また、このようなプラットフォームが構築されていれば、法務部門と法律事務所の関係は、物理的にも深まると考えられるため、近い将来、クライアントサービスとして、このような仕組みが普及する可能性があると考えられる。

PART19

ナレッジ管理

1　ナレッジデータの管理

法務部門のナレッジとしては、日常業務の中で作成される、審査済の契約書ドラフトとその関係資料、法律相談回答書とその関係資料、弁護士等の外部専門家からの意見書、M&Aや大型取引契約に関連する資料、法務担当者教育資料、社外セミナー資料、社内研修資料等が代表的なナレッジとなっており、法務部門の多くは、共有サーバーの中にフォルダーを作成して、このフォルダーの中にナレッジデータを保存しているはずである。実際に実務を運用する過程で、これらのデータをどのような方法で整理してデータベースに保存し、そのデータを管理していくかが課題となっている。

2　ナレッジデータの仕分け

データ管理の方向性としては、蓄積されたナレッジデータを検索しやすくするために、あらかじめ仕分けのカテゴリーや保存する対象データを含む詳細な仕分けルールを定めておき、法務担当者がそのルールに従ってデータを仕分けして保存していく方法と、仕分けルールを定めずに、法務担当者がすべてのデータを保存していく方法がある。

あらかじめ仕分けルールを定める方法については、一見すると合理的な方法に見えるが、明確で解釈の余地がないルールを設定すること自体が難しく、また、すべてのデータを保存対象としない場合は、法務担当者がデータの保存を忘れるケースが散見されるため、実際のところ、適切に運用することが難しい方法であるといえる。

仕分けルールを定めない方法については、もし契約審査や法律相談のフローをシステム化していれば、それぞれのシステムのデータベースがナレッジのデータベースとなる。また、システム化されていなければ、契約書、法律相談、弁護士意見書といった、シンプルで明確な仕分けができるフォルダーを作成し、そのフォルダーの中にすべてのデータを保存していく。したがって、仕分けがシンプルでデータ保存の漏れもなくなり、すべてのデータをナレッジとして利用することができる。ただし、データベースに蓄積されるデータ量が膨大となるため、データ検索を工夫することが必要で、いかに検索の精度を上げていくかが重要な課題となっている。データ検索を容易にするためには、何よりもファイル名が重要で、ファイル名を記載する統一ルールを作成して、この運用を徹底しなければならない。ファイル名を記載するルールは、仕分けのルールとは違い、解釈の余地が少ないため、運用を徹底することは容易である。

3　ナレッジデータの保存

ナレッジデータの保存については、自社サーバーに保存する方法とbox、Googleドライブ、Dropbox、OneDrive 、Hubble等のストレージサービスを利用する方法があり、これらのストレージサービスは、検索機能が優れており、検索を容易にするタグ機能等の付随サービスも充実している。特にHubbleは、ファイル名に加えてファイルデータの内容も検索できるため検索作業が容易で、法務担当者と管理者とのコミュニケーションツールとしても活用していることから自動的にナレッジデータが蓄積されていくため、私自身は、ナレッジ管理ツールとしても活用している。このように、ナレッジデータをストレージサービスに別途アップロードする作業を法務担当者に対して要求するよりも、ルーティンワークで利用する契約審査や法律相談のシステムとナレッジ管理が自動的にリンクしているほうが、ナレッジ管理の実効性が大きく高まる。面倒な作業は、法務担当者に好まれず、必ずエラーが発生する。

ナレッジ管理においては、ナレッジデータを保存するための運用ルールを極力シンプルにして、ナレッジデータを確実に保存することが重要で、ナレッジデータのファイル名記載にこだわることで検索を容易にすることが可能となり、さらに検索機能に優れたベンダーのサービスを利用することで、利便性が飛躍的に向上する。

4　ナレッジデータの保存期間

最後に、ナレッジデータは、法務部門のルーティンワークによって蓄積されるため、日々、膨大なデータが蓄積されていく。したがって、ナレッジデータの保存期間を定めて、年1回程度はデータの廃棄を行う必要がある。保存期間については、永年保存とするもの、一定期間を定めて保存するものに分かれるが、紛争発生時に証拠となる可能性のあるナレッジデータについては、消滅時効や除斥期間を考慮して保存期間を定めるとよい。私自身の経験としては、データが残っていて助かったという経験よりも、データがないほうがよかったというケースが多いと感じるため、データの棚卸は重要な作業である。特に英米法の領域では、ディスカバリー手続を意識しなければならないため、ナレッジデータの保存期間管理をしっかりと行うことが求められる。

PART20

ニュースレター

法律事務所を中心とした団体が、クライアントサービスの一環として、法律関係の情報提供を行うニュースレターをＥメールで送付するサービスを提供している。さまざまな法律事務所がこのようなサービスを提供しているが、特に、西村あさひ法律事務所のニュースレターは、情報提供の頻度が高く、法務担当者にとって有益な執行状況を含む法令情報をグローバルな範囲で提供している。また、森・濱田松本法律事務所の情報提供サービスである中国最新法令情報も、中国の法令情報をタイムリーに提供していることから、両法律事務所から発信される情報をＥメールで受信することを推奨する。

その他、株式会社商事法務の商事法務メールマガジンも、官庁情報、企業動向、裁判動向、法案・法令情報、パブリックコメントといった、法務担当者にとって有益な情報を定期的に入手することができるため、こちらもあわせてＥメールで受信することをお勧めする。

PART21
その他

① 費用管理

法務部門は、弁護士費用、Legal Tech費用、事務用品費用、書籍費用等を日常的に支払っているが、特に弁護士費用は、法律事務所ごと、担当弁護士ごとに管理する必要があり、エクセルシートを使って支払実績を管理している会社が多い。最近、インボイスをPDFデータで受け付けて支払処理を行うことが多いことから、PDFデータをそのまま読み込んで、自動的に弁護士費用の支払実績一覧表が作成できるサービスがあると便利である。ただし、このサービスはあくまでも付随的なサービスであるため、このサービス単独での提供はないと考えられる。

現在のところ、契約書管理の領域でPDFデータを読み込んでデータベースを作成するサービスが出現していることから、今後、同じテクノロジーを使って支払実績管理を行うことが可能と考えられるため、契約書管理に付随するサービスとして提供されることを望んでいる。

② 情報管理

法務部門が審査を行う契約類型で最も件数が多いものは秘密保持契約書であり、担当部門は、秘密保持契約を締結した後に、ビジネスの取引と並行して相手方と秘密情報を交換している。これらの秘密情報は、Eメールを通じて交換されることが多く、形式的にパスワードによる情報管理が行われているが、本当に実効性があるかどうかが疑われる。また、秘密情報の取扱者を限定するケースもあるが、その運用を相手方に任せるケースがほとんどで、実際に運用状況を確認することは難しい。さらに秘密保持義務を定めた案件が終了した後に、相手方に対して秘密情報の廃棄義務を課すこともあり、廃棄証明書の提出を要求することが一般的であるが、こちらも本当に実効性があるかどうかは疑わしい。したがって、現状として秘密情報のやり取りの多くは、相手方への一方的な信頼を基礎として、いわゆる性善説ベースで行われている。

当事者間で交換される秘密情報の管理に実効性を持たせるための対策として、当事者だけがアクセスできる情報交換の場所を設定し、この場所のみで情報交換を行い、案件終了後は、この場所自体を削除してしまうという、いわば、秘密情報管理のプラットフォームを構築することが考えられる。基本的には、高度なセキュリティーが確保されたクラウドサーバー上に秘密情報を保管するスペースを作り、そのスペースに両当事者がアクセスすることにより、秘密情報を保存して利用するというサービスになると考えられる。また、秘密情報データのダウンロード、コピー、プリントアウト等の設定は、秘密情報のランクに応じて、情報提供者自身が指定できるようにすれば、弾力的な運用が可能となり、より秘密情報管理の実効性が高まる。コンセプトとしては、Googleドライブや Dropboxのデータ共有機能を秘密情報管理に特化させたような仕組みである。さらに、このプラットフォームを利用することで、自動的に秘密保持契約書が締結されたとみなされる、また同じ効果が発生する仕組みが構築されれば、大きく利便性が向上し、利用者も増加すると考えれれる。

このようなサービスは、Eメール、記録メディア、PCハードディスク、自社サーバー等の利用を前提とした、現在の秘密情報管理対策よりも安全で、社会の中で広く普及すれば、秘密情報交換におけるプラットフォームとなり、重要な社会インフラとして成長する可能性を秘めている。一定のニーズがあると考えられることから、今後、このようなサービスが低コストで提供されることを望んでおり、ベンダーの皆さんに検討をお願いしたい。

3　時間管理

現在、法務担当者のパフォーマンス管理は、案件の処理件数、納期の遵守率、案件の難易度を用いて行っている。この管理手法をさらに一歩進めて、案件ごとの処理時間を管理できないかどうか検討したいと考えている。タイムチャージベースで請求を行う法律事務所では、案件ごとの処理時間を管理するシステムを導入しているところがあり、このような仕組みを法務部門で採用することも可能であると考えられる。

会社によっては、管理部門の費用配賦を事業部門に行っており、このようなシステムを導入することで、正確な費用配賦を実現できる。また、何よりも案件ごとに処理時間が把握できるため、そのデータを分析することにより、より生産性を高めることができる可能性がある。実際に工場では、ロットごとのリードタイムを工程ごとに計測して、そのデータを生産性の改善に生かしており、管理部門においても、このようなデータを活用して生産性を改善させることが可能である。さらに、法務部門のルーティンワークを処理するため、法律事務所から弁護士の派遣を受ける場合、このようなシステムがあると、案件ごとの難易度と処理時間との関係を正確に把握できるため、委託費用管理の適正化に貢献する。

ただし、このシステムの難点は、取得できるデータ量が膨大になり、これらの大量のデータを処理・分析するための人材が必要になることである。

これからの法務部門は、法務部門内のルーティンワークに精通し、かつシステムから取得したデータを分析して業務改善を提案できる、データアナリストとしての役割を持つ人材が必要になると考えられる。将来に向けて、法務データアナリストを確保するため、理系の人材を法務担当者として採用することを視野に入れてもよいかもしれない。近い将来、データ分析能力の優劣が法務部門のパフォーマンスを左右する時代が到来することが予想されるため、今から準備を始めておきたい。

4 統合プラットフォーム

トムソン・ロイターがHighQという、案件管理、書類管理、契約管理、仕入先管理、プロジェクト管理等の機能を統合したプラットフォームサービスを提供している。現状としては、それぞれのサービス機能が、それぞれの領域を専門とするベンダーの機能に追いついていないと感じられる。したがって、統合プラットフォームとしての利便性は高いが、一方でサービス自体の満足度は、それぞれ別のベンダーを使ったほうが高いといえるため、現在のところ利便性と満足度の二者択一になってしまっている。このため、コンセプト自体は素晴らしいが、サービス機能の満足度に課題があるため、広く普及しているとはいえない状況にある。

これから、それぞれの機能が進化し、統合プラットフォームサービスの各機能が、それぞれの専門ベンダーの機能に追いついていけば、法務部門がこのサービスを導入するインセンティブは高まると考えられる。ただし、多人数が活用するサービスであり、かつ導入効果が測定しにくいサービスであるため、おそらく法務部門としては運用コストが問題となり、このサービスを広く一般に普及させるためには、低コストでサービスを提供することが求められる。したがって、ハイエンドサービスとして位置づけ、高コストを受け入れることができる限られたユーザーにサービスを提供するか、また、汎用サービスとして位置づけ、コストを抑えて、幅広いユーザーにサービスを提供していくか、こちらも二者択一のビジネスモデルになっているといえる。

プラットフォームサービスは、特に品質よりも運用コストが優先される世界であるため、専門ベンダーの70%〜80%程度の品質で低コストサービスの出現が望まれる。今後、法務部門にとって、統合プラットフォームサービスは注目すべきサービスの1つであり、どの程度のコストと機能で普及していくかを注目していきたい。

PART22
将来へ向けて

1　Legal Techの普及

これまでのところで、私自身が実際に活用しているLegal Techサービスを中心に、提供しているサービスの内容と使い方を説明してきた。新しいテクノロジーの多くは、何かを解決したいという現場の要望とフロンティア精神に富んだベンダーとの連携から生まれる。誕生したばかりのサービスは、現場が抱えるごく一部の課題を解決するためのサービスにすぎず、この限定された不完全なサービスを積極的に活用したいというユーザーの数は限られる。この時期には、新しいテクノロジーを使って新しく誕生したサービスにまったく興味を示さないだけではなく、その限られた機能を酷評して嘲笑するユーザーもいる。時間が経つにつれてテクノロジーは進化し、しだいにサービスの範囲が拡大されていくとともにユーザー数が拡大し、いつの間にか誰もが活用するサービスに成長する。Legal Techもこのような成長過程を辿ることが予想され、法務部門にとっては、いつからサービスを利用するかが課題となり、早くスタートした企業が先行者としての利益を確実に得ることができる。現在、各ベンダーが提供しているサービスは、法務部門がそれぞれの業務の運用フローをしっかり整備してから導入すれば、必ず業務の生産性を改善させ、品質を向上させることができるレベルにある。実際のところ、Legal

Techの導入に失敗する事例の多くは、業務フロー自体に問題があるケースと消極的なスタンスでサービスを利用しているケースが多く、ユーザー側の原因で失敗していると考えられる。また、それぞれのLegal Techサービスは、完全に人間の作業を代替するものではなく、万能ではないため、ユーザーが使い方に創意工夫を加えることが重要で、このひと工夫が大きな効果を生む。

2 Legal Techの創成期

2018年から2020年にかけては、まさにLegal Techの創成期といえる時期で、投資家の支援を受けて、新しいサービスを提供するさまざまな会社が誕生した。現在のところ、Legal Techのマーケットでは、新しいテクノロジーに対するユーザー側の期待が大きく先行しており、これまで企業の管理部門の中で最も業務のシステム化や合理化が遅れていた法務部門が、新しく出現したテクノロジーに飛びつき、先を争ってそのテクノロジーを活用したサービスを導入し始めた状態となっている。

新しいテクノロジーを活用したベンダーのサービスを初期に導入した企業は、テクノロジーに対する期待感が大きく、この期待に現在のテクノロジーが追いついていないことから、導入後に理想と現実のギャップを感じて失望し、現実の姿を受け入れることができず、うまくテクノロジーの良さを生かし切れていないという側面がある。

今後、初期にサービスを導入した企業は、運用の継続をあきらめて撤退する企業と、我慢強く工夫を加えながらサービスを使い続ける企業に二極化していくであろう。そして、不完全なテクノロジーを活用したサービスとの関係にうまく折り合いをつけた法務部門が、業務の品質と生産性を大きく向上させていくことになるであろう。

3　創成期から発展期へ

現在の日本のLegal Tech業界は、引き続き積極的な投資が行われており、創成期を通り過ぎて発展期を迎えている。これからのLegal Tech市場は、右肩上がりの急成長から、撤退企業の影響によって横ばい状態になる時期があり、撤退の波が一通り収まった時点で、再び右肩上がりのトレンドになるのではないかと予想する。

中長期的に見れば、Legal Tech業界に対する投資は継続され、またマーケットの右肩上がりのトレンドは継続すると考えられる。さらにその先には、成熟期に至ることが予想されるが、テクノロジーの進化が早い業界であり、かつ日本のLegal Techの市場規模がさほど大きくないことから、成熟期に至る期間は意外と短く、早ければ、今後5年程度で成熟期を迎える可能性があると睨んでいる。

Legal Tech業界は、まさにこれからの5年間が勝負所になり、この5年間の進化のスピードによって、それぞれのベンダーの明暗が大きく分かれていくであろう。

4　発展期から成熟期へ

すでに現在の時点で、勝ち組と負け組に分かれている分野もあり、今後、さらに激しくベンダーの間で機能の拡張競争と価格競争が繰り広げられることが予想される。最終的には、各ベンダーの提供するサービスが、ハイエンドサービス、ローエンドサービス、ニッチサービスに収斂されていき、一方で機能やサービスの統合化が進むことも予想される。例えば、現在、それぞれ個別にサービスが提供されている、契約書管理サービス、AI契約書審査サービス、電子契約サービス等が1つのベンダーのサービスに統合されるということも容易に想像することができる。

さらにこの先、Legal Techマーケットがさほど大きくない日本を飛び出し、グローバルなフィールドでLegal Techサービスを提供するベンダーが出現し、逆に外資系ベンダーがM&Aによって日本市場へ参入することも想定される。

5 契約のプラットフォーム化

これからOneNDAに代表される契約のプラットフォーム化の動きが加速することが考えられる。秘密保持契約だけではなく、その他のカスタマイズされにくい契約類型に対して、OneNDAのようなコンソーシアムの仕組みを導入することが可能であり、実際にこのような動きが広がることを予想している。

ただし、単純に参加規約を作ってオープンに参加者を募るだけでは、大手企業が参加するインセンティブに欠けるため、大手企業が興味を持つ仕組みを構築する必要がある。例えば、秘密保持契約の場合、大手企業の多くは自社の契約雛形を使って秘密保持契約書を締結しており、おそらく70%〜80%程度は自社雛形を使ってほぼ修正なしで秘密保持契約書を締結していると考えられる。このような環境では、あえて自社以外の契約書雛形を使うコンソーシアムに参加するインセンティブに欠けると言わざるを得ない。もし、コンソーシアムに参加している企業に一定のセキュリティーレベルが担保されていることが保証されていれば、監査手続なしに契約相手方のセキュリティーレベルを確認できるため、大手企業が参加するインセンティブを高めることができる。さらに、セキュリティーの確保された秘密情報交換の場所が設定されていれば、より一層、参加へ向けたインセンティブを高めることができる。

今後、大手企業を取り込む仕組みをうまく構築できれば、業界の垣根や企業規模の壁を超えて、一気に日本全体を巻き込む契約書プラットフォームとして発展する可能性を秘めている。このような契約書のプラットフォーム化の動きは無視できず、今後のLegal Techサービスの動向にも大きな影響を与えるであろう。また、多くのユーザーを抱えるプラットフォームを管理し、自在に情報を活用できるベンダーは、大きく事業を発展させることができるであろう。

6 法務業務のプラットフォーム

これからのLegal Tech業界は、テクノロジーが進化してサービスの範囲が拡張され、また、新たなコンセプトのサービスの誕生が予想される。おそらく、スタンダード、プラットフォーム、ローコストという言葉が成功のキーワードとなることは間違いない。実際にベンダーがコア事業として提供するサービスをプラットフォームとして位置づけて、そのサービスの利用料金を低額に抑えることによって利用者数を確保し、その利用者数を活かして、サービスの利用料金とは別の収益源を確保していくビジネスモデルを構築できたベンダーが大きな成功を収めると考えられる。このビジネスモデルは、当面の収益よりも市場シェアをいかに確保していくかが課題となり、この課題が低コストサービスを求める法務部門のニーズと一致するため、相当数のユーザーを確保することができると考えられる。このようなビジネスモデルにチャレンジするベンダーとこのようなベンダーを支援する投資家が出現することを期待している。

私個人としては、法務業務のプラットフォームとして、ローテクの分野に入るかもしれない企業法務関係者のポータルサイトが出現することを望んでいる。法務担当者が毎朝出勤して最初に行う作業は、個人のPCを起動する作業で、PCを起動してから社内のイントラネットを開いて情報を確認し、その後は、イントラネットを常時開いていることが多い。もし、法務担当者が日常業務で必要な情報を一元的にチェックすることが可能で、利用しているサービスを一元的に管理することできるポータルサイトがあれば、法務関係者にとって便利であると同時に、日常業務の生産性改善にもつながる。

このようなポータルサイトがあれば、法務担当者は、社内のイントラネットを開くと同時に法務関係者のポータルサイトにアクセスし、自分が担当する新規案件や既存案件の進捗を管理することができる。また、担当案件を処理する際に、AI契約審査、リサーチ、ナレッジ管理、AI翻訳、弁護士検索、電子契約等のサービスにワンクリックでアクセスすることができる。さらに、業務に関連するニュースもこのポータルサイトを通じて入手することが可能となり、受講したい教育もこのサイトを通じて受講することができる。常時、数万人の法務関係者がアクセスするポータルサイトになれば、間違いなく企業法務関係の広告媒体としても魅力的な存在となる。ポータルサイトの課題は、法務関係者のアクセス数を確保することであり、このサイトを運営できるポテンシャルを持つ会社は、一定の市場規模を持つLegal Techベンダーに限られるであろう。これからポータルサイトの構築にチャレンジするベンダーが出現すれは、ぜひ協力したいと考えている。

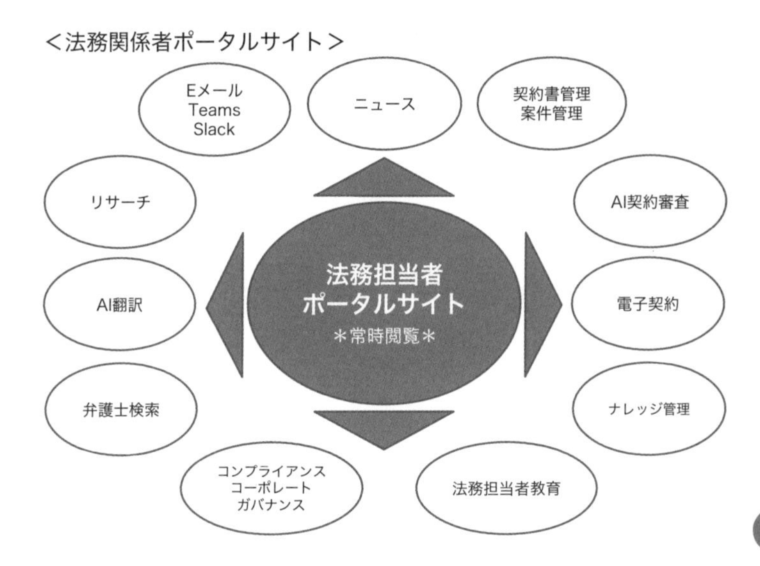

7 30年後を考える

30年前のオフィスを振り返ってみると、携帯電話はまだ出現しておらず、固定電話が標準で、Legal TechはおろかPC自体がオフィスに存在しない時代であった、これが30年の時を経て、携帯電話とPCがビジネスマンにとって必須のツールとなり、法務部門では、さまざまなLegal Techサービスが導入されている。オフィスの中では、30年前にはまったく予想できなかった世界が現実の世界として広がっており、改めてテクノロジーの進化のスピードに驚かされる。

今から30年後を考えると、おそらくまったく想像できない世界がオフィス内で広がっている可能性が高く、現在、法務関係者を含めたビジネスマンの必須ツールである携帯電話とPCが姿を消し、新しい何かがビジネスの必須ツールとして登場し、オフィスの中で活躍しているかもしれない。また、書面やデータによって作成された契約書自体がビジネスの世界から姿を消しているかもしれない。そういう時代になったときに、Legal Tech がどのように進化しているのか予想することもできない。おそらく人間がオフィスから姿を消すことはないと考えられることから、新しいテクノロジーと人間が共存し、より業務の品質と生産性が高まった世界が広がっていることを期待している。

AI の得意分野は、大量のデータを正確に処理することであるが、新しい何かをゼロから生み出すことは、ここしばらくの間は人間にしかできない。これからの時代は、人間にしかできないクリエイティブな発想と AI の持つデータ処理の強みをうまくシンクロさせて、リーガルオペレーション革命を絶えず起こし続けていくことが求められている。

あとがき

2050年の春、80歳を過ぎた私は、愛用のデスクの前で静かに座っている。10年前、医者に止められて趣味のダイビングを引退し、それでは次の趣味にと始めた釣りも、昨年の秋に堤防で転んで怪我をしてから家族に止められている。囲碁や将棋といった伝統的なインドア系の娯楽に興味はなく、このところは、散歩で近所を出歩くことが唯一の楽しみになっているが、何か新しいことをしたいという気持ちは衰えていない。

昔はPCで見ていたWebサイトも、最近は、画像が空間に表示されるようになり、情報の入力も音声入力が主力になっている。PCは過去の産業遺産となってしまい、市場からは完全に姿を消し、子供達はその姿を知らない。

デスクの上にある最新のアクセス端末に「NBLのWebサイトが見たい」と告げると、NBLのWebサイトが開き、今月号の目次が目の前の空間に現れた。今月の法務部門長対談のテーマとして、「経営者と法務部門のコミュニケーション」が設定されている。私が現役の法務部長であった時代から30年経っても、法務部門の課題は変わっていないようだ。ひょっとすると、半世紀以上にわたって法務部門の課題は変わっていないのかもしれない。まさに永遠の課題である。

話を現在に戻すと、この30年でオフィスの環境は著しく変化し、その変化の主役はPCとソフトウエアであり、最近は、SaaS型のサービスが事務処理の効率化を支えている。これから30年後のオフィスの様子を想像することは楽しいが、実際にどのような機器が使われているかを予想することは難しい。電話、

FAX、コピーといった伝統的な事務機器は残っている気がする。また、新しいテクノロジーが開発され、そのテクノロジーを使った新しいサービスが提供され、今現在よりは、事務処理の品質と生産性が大幅に向上していることは確かであろう。しかし、これが法務関係者の幸せを意味するかどうかはわからない。

今できることを今すぐに実行する。将来性のあるサービスを工夫しながら使い続ける。この2つがLegal Techと上手く付き合う方法で、これから先も常にこの状態が続いていくかもしれない。人間のニーズは果てしなく、テクノロジーがそのニーズに追いついたとしても、人間が100%の満足感を得られる期間は短い。また、テクノロジーが先行したとしても、人間のニーズが追い付かず、結局のところ人間が100%の満足感を得ることは難しい。これからも、テクノロジーと人間のせめぎ合いが続いていくであろう。2045年にAIが人間を超える時代（シンギュラリティ）が到来しても、人間は満足してないかもしれない。

リーガルオペレーションについても、その最適な姿をイメージすることはできるが、それぞれの組織にとっての最適な姿を定義することは難しい。最終的には、法務部門長が描くリーガルオペレーションの理想像が、それぞれの組織にとって最適と考えられるリーガルオペレーションになっていくであろう。常に最適な姿をイメージし、その姿を追い求めていくことが、法務部門の進化と未来につながる。

〈著者紹介〉

佐々木毅尚（ささき・たけひさ）

〈職歴〉

1991年4月　明治安田生命相互会社
2003年5月　アジア航測株式会社
2004年7月　YKK株式会社
2016年9月　太陽誘電株式会社

これまで、法務、コンプライアンス、コーポレートガバナンス、リスクマネジメント業務を幅広く経験。2009年より部門長として法務部門のマネジメントに携わり、リーガルテックの活用をはじめとした法務部門の改革に積極的に取り組む。

〈著書〉

『企業法務入門テキスト――ありのままの法務』（共著、商事法務、2016年）
『新型コロナ危機下の企業法務部門』（共著、商事法務、2020年）
『電子契約導入ガイドブック 海外契約編』（共著、商事法務、2020年）
『今日から法務パーソン』（共著、商事法務、2021年）

リーガルオペレーション革命
――リーガルテック導入ガイドライン

2021年3月24日　初版第1刷発行

著　　者　佐々木　毅　尚

発 行 者　石　川　雅　規

発 行 所　株式会社 商 事 法 務

〒103-0025 東京都中央区日本橋茅場町3-9-10
TEL 03-5614-5643・FAX 03-3664-8844〔営業〕
TEL 03-5614-5649〔編集〕
https://www.shojihomu.co.jp/

落丁・乱丁本はお取り替えいたします。　印刷／そうめいコミュニケーションプリンティング

Printed in Japan

Shojihomu Co., Ltd.

ISBN978-4-7857-2854-0

＊定価はカバーに表示してあります。